Malediven

Anja Bech

Reisen mit Erlebnis-Garantie

MERIAN-TopTen
Was Sie unbedingt sehen sollten

MERIAN-Tipps
Persönliche Empfehlungen unserer Autoren

MERIAN-Bewertung
MMM Nicht zu übertreffen
MM Herausragend
M Sehr gut

Für Familien
Für Eltern mit Kindern besonders geeignet

Titelbild
Meeru Island Resort (Transglobe/Ehlers)

Bei Angst vor Sonnenbrand schützt bei einer Safariboottour oder einem Tauchausflug leichte Kleidung. Auch beim Schnorcheln ist ein T-Shirt durchaus angebracht.

Karten und Pläne

Die Buchstaben-Zahlen-Kombinationen im Text verweisen auf die Planquadrate der Karten, z. B.
■ E 10, S. 115: Klappe hinten,
■ b 2: Atoll-Karten innen.

Gastfreundlich, charmant, wunderschön – das sind die Malediven.

Vabbinfaru mit dem Resort Banyan Tree und die Nachbarinsel Ihuru im Nord-Malé-Atoll entsprechen mit Kokospalmen, weißem Sandstrand und türkisblauer Lagune dem Traum vieler Urlauber *(→ S. 30/32).*

Malediven – Träume in den Farben des Regenbogens

Die Inseln und Atolle bestechen durch ihre Schönheit sowie die einzigartige Unterwasserwelt. Die hier entstandenen Riffformationen sind eines der größten Naturwunder der Erde, welches durch tausende winzige Korallenpolypen geschaffen wurde. Wie eine Juwelenkette erstrecken sich die Inseln der Malediven, rund 670 Kilometer südwestlich unterhalb der Spitze des indischen Kontinents gelegen, 868 Kilometer weit in Nord-Süd-Richtung – von 7 ° nördlicher Breite bis 1 ° unterhalb des Äquators. Die größte Ost-West-Ausdehnung beträgt 130 Kilometer. Geografisch gesehen handelt es sich um die weltweit längste Ausdehnung von Atollformationen, wobei die nördlich der Malediven liegenden indischen Lakkadiven (Lakshadweep Islands of India) auf derselben Landscholle liegen und auch historisch und kulturell zur selben Gruppe gehören. Die Malediven zählen 1190 Inseln in 26 Atollen, aber die zusammengenommene Landmasse ist nur etwa halb so groß wie Singapur – und: Das Staatsterritorium besteht zu über 99 Prozent aus Wasser! Die genaue Anzahl der Inseln lässt sich nicht festlegen, da Strömungen immer wieder Land auf- und wegschwemmen. Die Verwaltung geht von 200 bewohnten und 992 unbewohnten Inseln aus, Sandbänke ohne Vegetation werden nicht mitgezählt. Auf 92 Inseln befinden sich Touristenresorts.

Wenn man im Wasserflugzeug sitzt und über den Inseln schwebt oder im Boot zwischen ihnen kreuzt, merkt man, dass man sich trotz vieler Fotos und Karten nie genau hat vorstellen können, wie ein Atoll aufgebaut ist und wie sich die Inseln darin verteilen. Sie wirken wie Farbflecken, hineingetupft in das türkisblaue Wasser des Indischen Ozeans. Die Inseln befinden sich innerhalb eines großen, schützenden Korallenriffs, dem so genannten Außenriff, und sind jeweils umgeben von einem eigenen Hausriff. Dieses ist ein wunderschöner Korallengarten, in dem sich hunderte Arten verschiedener bunter, tropischer Fische und Muscheln tummeln und Korallen wachsen.

Alle Eilande der Malediven sind Koralleninseln – was bedingt, dass sie nur etwa ein bis zwei Meter über dem Meeresspiegel liegen. Die flachen Inseln sind dicht mit Kokospalmen und tropischen Pflanzen bewachsen und haben einen weißen Strandgürtel. Die größte Insel ist fünf Kilometer lang und drei Kilometer breit; die meisten aber sind viel kleiner und können in wenigen Minuten zu Fuß umrundet werden. Der Boden ist nährstoffarm, so dass Landwirtschaft hier kaum betrieben werden kann. Außer Kokosnüssen, Süßkartoffeln, Papayas, Brotfrucht und Bananen wächst wenig in den Gärten. Für den saftigen grünen Bewuchs einiger Hotelinseln wurde Erde aus Sri Lanka herübertransportiert, in der nun auch Blumen gedeihen.

Oben: Bananen zählen zu den wenigen Früchten, die auf den Atollen gedeihen.

Mitte: Auf der großen Insel Kunfunadhoo, die dicht bewachsen und rundherum von einem Sandstrand umgeben ist, liegt das exklusive Sonevafushi Resort (→ S. 70).

Unten: Die vielfältigen Formen und Farben der Korallenriffe, hier eine Hirnkoralle, machen die Malediven zu einem Paradies für Taucher.

Dem Strand jeder Insel vorgelagert befindet sich die Lagune mit türkisfarbenem, kristallklarem Wasser, oft nur ein bis eineinhalb Meter tief. Der Boden der Lagune steigt zur offenen See langsam an und ist zuerst mit einzelnen Korallenblöcken, später mit flächendeckenden Korallenformationen bedeckt, deren höchste Erhebung die Riffkante bildet, die dann steil zum Meer hin abfällt. In den unterschiedlichen Wassertiefen lebt eine Vielfalt von großen und kleinen Fischen. Korallenwuchs lässt sich bis zu einer Tiefe von 30 Metern beobachten.

Ein bedrohtes Paradies

Die Korallenriffe sind bedrohte ökologische Wunder; 1998 wurden sie durch das Phänomen der Korallenbleiche, das weltweit auftrat, stark beschädigt: Extreme Klimaverhältnisse erhöhten die Wassertemperaturen, was zum Sterben von über 80 Prozent der Korallen führte (→ S. 86). Inzwischen kann man beobachten, wie die Unterwasserflora sich erholt, der Fischreichtum zunimmt und die Korallen weiter wachsen.

Die Naturkatastrophe zeigt allerdings umso mehr, dass wir um das Überleben der Unterwasserwelt kämpfen müssen, wenn wir dieses Paradies nicht verlieren wollen. Auf Umweltschutz wird in dieser empfindlichen Umgebung schon lange viel Wert gelegt. Wir alle sollten dabei mithelfen – schließlich basiert die maledivische Wirtschaft auf Einnahmen aus dem Tourismus, und die Urlaubsgäste freuen sich an der unberührten Naturschönheit.

Die Ruhe, die unter Wasser herrscht, spiegelt sich im Leben über dem Wasser. Die Touristenresorts sind Oasen der Ruhe und Entspannung vom Alltag, und auch die friedliche Existenz der Einheimischen auf den Fischerinseln ist für den Besucher offensichtlich. 270 000 Einwohner islamischen Glaubens bilden die traditionell gastfreundliche Bevölkerung, 70 000 davon leben in der Haupstadt Malé, die selbst eine relativ kleine Insel ist (1,8 x 1,2 Kilometer). Auch der internationale Flughafen liegt auf einer Insel, genannt Hulhule. Die Wasserflugzeuge verfügen hier ebenfalls über Terminals.

Das touristische Konzept der Malediven-Regierung sieht vor, ausschließlich unbewohnte Inseln zu Touristen-Resorts auszubauen. Die Anzahl der Bungalows wird bei der Planung ebenfalls begrenzt und richtet sich jeweils nach der Größe der Insel. Die Bettenzahl auf den einzelnen Inseln schwankt je nach vorhandener Fläche zwischen 28 (Nika) und 700 (Sun Island). Oft wurden Wasserbungalows gebaut – um das natürliche Bild einer Insel nicht zu zerstören oder wenn die Landfläche begrenzt ist.

Auf den Malediven ist es rund ums Jahr tagsüber und nachts zwischen 25 und 32 °C warm, wobei manche Monate regenreicher als andere sind. Die Wassertemperatur liegt ganzjährig bei angenehmen 27 °C bis 30 °C. Das Klima wird von zwei Monsunwinden bestimmt, die besonders in der Zeit von Mai bis November Regenschauer bringen; aber auch Anfang Dezember kann es zur Zeit des Monsunwechsels etwas feuchter sein. Deutsche und Italiener bilden den Hauptanteil der Feriengäste, gefolgt von Briten und anderen Europäern. Der Tourismus entwickelte sich zum wichtigsten Wirtschaftszweig des Landes – vor Fischerei, Fischverarbeitung, Bootsbau, Textilverarbeitung, Seilproduktion und Seefahrt. Fast alles außer Fisch und Kokosnüssen wird importiert – der Hafen Malés ist einer der lebhaftesten Orte im Land. Eine Folge des Tourismusbooms ist der Aufschwung von Handel, Banken, Baugewerbe, Dienstleistungen und Kunsthandwerk sowie der Ausbau der Telekommunikation. Trotzdem ist das Pro-Kopf-Einkommen sehr niedrig. Trotz des Luxuslebens, das im Hotel herrscht, sollte man bedenken, dass die Malediven zu den 25 ärmsten Ländern der Erde zählen.

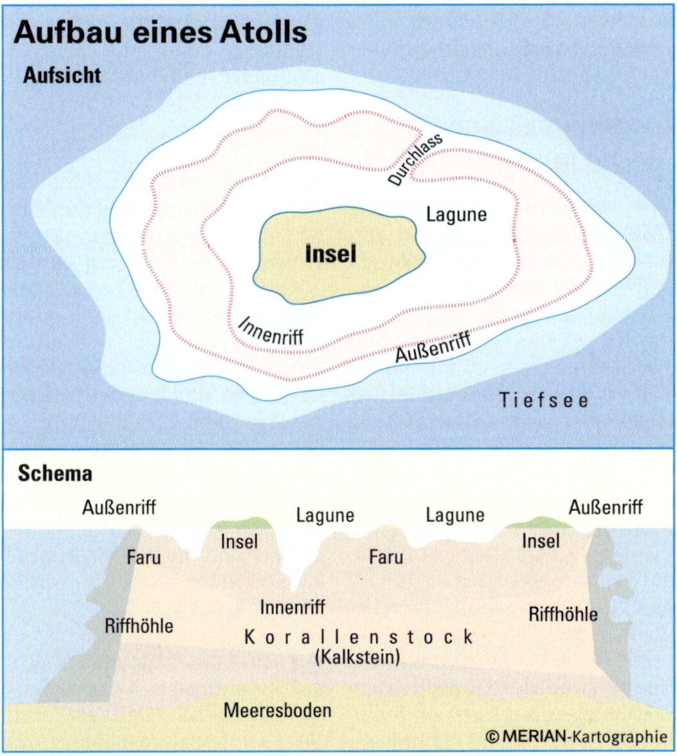

Archäologische Funde beweisen, dass die Malediven schon im Jahr 1500 v. Chr. bewohnt waren. Es wird allerdings davon ausgegangen, dass die ersten Siedler sich hier erst um 550 v. Chr. niedergelassen haben. Die Atollformationen waren Seeleuten schon früh als Gefahr für Schiffe bekannt – viele Wracks liegen auf dem Meeresgrund der Malediven. Außerdem gab es hier riesige Vorkommen der Cowry-Muschel, die von Afrika bis zum arktischen Kreis als Zahlungsmittel benutzt wurde und die Inseln anno 1558 für portugiesische Eroberer interessant machte: Sie hielten die Malediven, die damals auch unter dem Namen Geldinseln bekannt waren, 15 Jahre lang besetzt.

Legendenumwobene tropische Inseln

Als Seefahrervolk waren die Malediver immer schon verschiedenen kulturellen Einflüssen ausgesetzt. Obwohl es wenige Relikte aus früheren Zeiten gibt, sind sie stolz auf ihre Geschichte. Seit die Stadtmauern und Kanonen Malés in den sechziger Jahren verschwanden und keine Sultane mehr in den Palästen regieren, bestehen die Brücken zur Vergangenheit in der Erinnerung der Lebenden weiter. Das Nationalmuseum in Malé stellt historische Dokumente und Funde aus und wird häufig von Schulklassen besucht. Jedes Kind kennt die Legende der Bekenntnis zum Islam: Eine Jungfrau, deren Leben einem Seeteufel geopfert werden sollte, wurde durch einen marokkanischen Händler gerettet, der aus dem Koran rezitierte. Der damalige König war so beeindruckt von den Versen, dass er zum Islam konvertierte, er wurde Sultan Mohammed Ibn Abdullah (1141 bis 1166).

Ihm folgten 800 Jahre lang viele Sultane an der Spitze des Landes – übrigens auch Frauen, so genannte Sultanas –, bis 1953 die erste Republik der Malediven ausgerufen wurde, die mit nur neun Monaten allerdings von kurzer Dauer war. Der Sultantitel war nicht erblich, und der Herrscher wurde in seiner Regierung durch einen Rat unterstützt.

Zwischen Tradition und Moderne

Der Inselstaat wurde 1965 unabhängig von den Briten, die 1887 mit der Regierung der Malediven einen Beistandspakt geschlossen hatten, und ist seit 1968 eine Republik. Seit 1978 regiert der Präsident Maumooon Abdul Gayoom, der sich erfolgreich um gute internationale Beziehungen und um den Ausbau der Wirtschaft bemüht. Staatsreligion ist der Islam, dessen Regeln streng eingehalten werden. Obenohne-Baden und FKK sind streng verboten, Alkohol darf nicht eingeführt und nur auf Hotelinseln konsumiert werden (→ Verhaltenstipps, S. 106).

Noch immer tragen alle Malediver arabische Namen, damit sie die Hadsch-Pilgerfahrt nach Mekka unternehmen können. Die heutige Bevölkerung der Inseln besteht aus einem Rassengemisch aus Singhalesen, Tamilen, Schwarzen, Südostasiaten und Arabern; Aussehen, Sprache, Kultur, Verhalten und Traditionen ähneln denen der Bewohner Sri Lankas. Die Menschen sind höflich, zurückhaltend und familienorientiert und zeigen selten offen ihre Gefühle.

Die aus 100 Prozent sunnitischen Muslimen bestehende Gesellschaft respektiert die Regeln und Traditionen des Islams und ist gleichzeitig sehr offen und modern. Die Frauen verschleiern sich nicht, junge Mädchen tragen eher westliche als traditionelle Kleidung, und auf den Touristeninseln werden auch alkoholische Getränke gereicht. Die Einheimischen halten hingegen die Gebetsstunden in der Moschee ein; in dieser Zeit bleiben die Geschäfte geschlossen. Ein maledivischer Mann kann nach dem Gesetz eine unbegrenzte Zahl von Frauen ehelichen. Polygamie ist heute sehr selten, traditionell hieß es, dass die Ehe mit zwei Frauen aus mächtigen Familien die Macht des Mannes verdoppelt. Die Scheidungsrate auf den Malediven zählt heute allerdings zu den höchsten der Welt. Es ist für den Mann recht einfach, seine Gattin loszuwerden – andersherum gestaltet sich der Vorgang freilich etwas schwieriger.

Die Landessprache der Malediver ist **Dhivehi**, eine dem Singhalesischen ähnliche Sprache, wie sie auf Sri Lanka gesprochen wird; die Schrift, **Thaana**, lehnt sich an arabische Schreibweisen an, es wird also von rechts nach links geschrieben. Die Alphabetisierungsrate der Menschen liegt mit fast 99 Prozent sehr hoch. Englisch wird von den meisten Maledivern verstanden und in der Tourismusbranche benutzt. In den Ferienanlagen arbeiten zum größten Teil Männer, die auch dort wohnen und ihre Familie auf der Heimatinsel nur selten sehen.

Neben Strandurlaub und Erholung kann man auf den Malediven einiges entdecken und erleben – man muss nur mit offenen Augen die Eigenarten und Reize des Landes aufnehmen. Die Malediven haben es geschafft, Luxus und modernen Service mit Naturnähe und Ruhe zu verbinden. Genießen Sie diese einmalige Vielfalt und Schönheit.

! MERIAN-Lesetipp

Einige schöne Bildbände kann man sowohl bei der Abreise als auch vor Ort erstehen, darunter der sehr empfehlenswerte Band **Malediven** von Michael Friedel (MM-Fotodrucke): Die Fotos von den paradiesischen Inseln verführen zum Träumen und sicher bald zur nächsten Reise auf die Malediven. Für Taucher und Schnorchler ist das folgende Fachbuch sehr hilfreich: **Malediven – ein Unterwasserparadies.** Es liefert viele Fotos und Erklärungen zu Fischen, Korallen und weiteren Kleintieren.

Pro Insel gibt es ein Resort –

alle sind schön, aber unterschiedlich. Informieren Sie sich deshalb vor der Buchung über Angebot, Charakter und Atmosphäre des Hotels!

Wasserbungalows werden die auf Stelzen in die seichte Lagune gebauten Holzhäuschen genannt, die vor allem bei Flitterwöchlern sehr beliebt sind.

Die Bilder schöner Hotelanlagen an makellosen, palmengesäumten Stränden, die die Reiseveranstalter in ihren Katalogen platzieren, entsprechen auf den meisten Resortinseln der Realität. Jede Insel hat allerdings ihren besonderen Charakter, ein eigenes Erscheinungsbild und Publikum. Manche Gäste möchten einen ruhigen Urlaub verbringen, andere lieben Spaß und Action. Während man auf manchen Inseln abends seine feine Garderobe zur Schau trägt, sind Personal und Gäste auf anderen nur mit T-Shirts und Shorts bekleidet. Manchmal liegen die Zimmer sehr nah beieinander, und man kann den Nachbarn hören – in anderen ist die Privatsphäre garantiert. Solche und viele andere Unterschiede, etwa in Architektur, Qualität der Speisen und des Service, Tauch- und Wassersportmöglichkeiten, sollten schon bei der Buchung mitbedacht werden. Auch das Preis-Leistungs-Verhältnis ist nicht überall gleich. Vielfach entstehen während des Urlaubs enorme Zusatzkosten, die aus der günstigen Pauschalreise einen teuren Aufenthalt machen. Um sicherzustellen, dass die Malediven-reise wirklich zum Traumurlaub wird, ist es deshalb sehr wichtig, sich vorher möglichst genau über die zur Auswahl stehenden Hotels zu informieren.

Hotelarten und Kategorien

Auf den Malediven spricht man in den meisten Fällen von einem **Resort** – bis auf wenige Ausnahmen (Kuramathi, Equator Village) nimmt es die ganze Insel ein. Ein Resort (von Hotel spricht man seltener) bezeichnet eine in sich abgeschlossene Ferienanlage, die alles bietet, was man während seines Urlaubs braucht. **Clubs** (oder auch **Village Clubs**) bezeichnen Anlagen, in denen es etwas lebhafter zugeht, Aktivitäten organisiert werden und für Kontakt zwischen den Gästen gesorgt wird. Auf allen Ferienanlagen gibt es einen Souvenirshop, wo man T-Shirts, Strandtücher, Kosmetika, Sonnencremes, Bücher und Filme kaufen kann. Eine gute Auswahl an deutschsprachiger Reiselektüre findet man außerdem in jedem beschriebenen Resort in einer Bibliothek.

Die Zuordung von Sternen geschieht nach festen Kriterien, etwa was die Ausstattung der Zimmer und Einrichtungen der Anlage betrifft. Sie ist allerdings keine Wertung in Sachen Atmosphäre, gutes Essen und Service.

Jede Inselverwaltung bestellt ihre eigenen Vorräte, bereitet alle Speisen zu, versorgt sich mit Trinkwasser und Energie und beseitigt den anfallenden Müll. Die Stromversorgung wird durch Dieselgeneratoren und gelegentlich Solarenergie gewährleistet, Entsalzungsanlagen sorgen für ausreichendes Süßwasser. Das im Hotel beschäftigte Personal wohnt fast das ganze Jahr über auf der Insel – in einem extra dafür vorgesehenen Bereich, dem so genannten Staff-Quarter. Sie werden bald feststellen, dass fast nur Männer in den Hotels arbeiten, Frauen sieht man recht selten. Die meisten Angestellten kommen von Einheimischeninseln der Malediven, aber auch aus Sri Lanka, Indien und Bangladesh.

Die »eigenen« vier Wände

Die Zimmer sind meistens geräumig, sehr sauber und geschmackvoll eingerichtet; die Unterkunft ohne Klimaanlage wird zur Seltenheit, Ventilatoren gibt es überall. Je nach Standard des Hotels finden Sie Föhn, Strandtücher, Fernseher und weitere zur Ausstattung gehörende Luxusgüter vor. Wenn nicht anders erwähnt, haben alle in diesem Band beschriebenen Zimmer Klimaanlage, Dusche und fließendes Kalt- und Warmwasser. Abends wird das Zimmer vom Roomboy vorbereitet, der vielfach das Bett nett herrichtet und mit verschwenderischen Blumenarrangements schmückt, Handtücher wechselt und für Ordnung sorgt.

Die Wahl von Voll- oder Halbpension lohnt sich eigentlich immer, denn wenn man sich bei der Buchung nur für Unterkunft mit Frühstück entscheidet, muss man damit rechnen, dass vor Ort noch hohe Nebenkosten dazukommen. Neben dem Hauptrestaurant gibt es meistens noch einen Coffee Shop – ein kleines Restaurant, wo man zu jeder Tageszeit Snacks, Süßspeisen und Getränke erhalten kann. Manche Hotels haben mehrere Spezialitätenrestaurants. Meistens gibt es einen Rabatt, wenn man statt des Hauptrestaurants mal eine der anderen Lokalitäten ausprobieren möchte.

Neben den meist nur als Pauschalangebot buchbaren Hotels auf den Inseln gibt es lediglich in der Hauptstadt Malé weitere Unterkünfte. Hier bieten verschiedene Stadthotels und kleinere Pensionen Zimmer von unterschiedlicher Qualität und Preislage an. Für einen längeren Urlaub eignet sich Malé allerdings weniger, da es hier staubig und heiß ist. Außerdem ist es schwierig, Tagesausflüge auf nahe gelegene Inseln zu organisieren.

Eine weitere Alternative sind die Safariboote, die in wöchentlichem Rhythmus durch die Gewässer der verschiedenen Atolle kreuzen. Hier wohnt und isst man an Bord, geht tagsüber schwimmen, schnorcheln, tauchen und besucht je nach Programm gelegentlich verschiedene unbewohnte, einheimische und Resortinseln. (Weitere Informationen finden Sie im Kapitel »Inselhüpfen mit dem Safariboot« → S. 90.)

Preisklassen

Die Preise gelten pro Person für eine Übernachtung im Doppelzimmer mit Halbpension bei eigener Buchung. Die Preise können bei Pauschalreisen erheblich günstiger sein und variieren auch saisonbedingt bzw. hängen von der Kategorie des Zimmers ab.

★★★★ ab 200 US$
★★★ ab 110 US$
★★ ab 60 US$
★ bis 60 US$

! MERIAN-Tipp

Urlaub im Wasserbungalow
Viele Inseln verfügen über eine Anzahl dieser auf Stelzen in die Lagune gebauten Zimmer, die meistens sehr luxuriös und schön sind. Gelegentlich befindet sich eine Glasscheibe im Wohnzimmerboden, durch die man die Fische im Wasser beobachten kann. Alle Bungalows haben eine private Sonnenterrasse und meistens auch eine Treppe, die direkt ins Wasser führt. Herrlich: das Einschlafen bei sanftem Wellenrauschen. Besonders ansprechend sind diese Unterkünfte in folgenden Resorts: Kuda Huraa – Four Seasons, Baros, Coco Palm, Rangali Hilton, Veligandu, Ari Beach, Velidhu und Kuramathi Cottage Club.

Raffinierte Zutaten und Gewürze, internationale Einflüsse – das Angebot ist lecker und abwechslungsreich. Fisch, die Hauptzutat der maledivischen Küche, findet sich auf jeder Speisekarte.

Tauchen und Schwimmen machen hungrig: Das Essen wird in sehr vielen Hotelanlagen in Form von appetitlich angerichteten Buffets angeboten.

Frischer Fisch ist die Basis einer variantenreichen Gastronomie. Fast alles, was nicht aus dem Meer stammt, wird importiert – selbst die üppige Fülle von Früchten, die man in so einem tropischen Paradies doch stets erwartet, gibt es auf den Malediven nicht. Zwar bemühen sich einige Hotels, eigene Früchte und Gemüse anzubauen, doch der Boden ist häufig zu nährstoffarm. Trotzdem ist das in den Hotels zur Verfügung stehende Angebot an saftigem Obst und schmackhaften Speisen meist sehr reichhaltig und vielfältig. Ein Team aus international ausgebildeten Köchen kümmert sich um das leibliche Wohl der Gäste. Übrigens: In den Küchen wird streng auf Hygiene geachtet, und es besteht keine Gefahr beim Verzehr von Rohkost, Früchten oder Ähnlichem – Sie können also ganz unbesorgt »zuschlagen«.

! MERIAN-Tipp

Besuch in einem maledivischen Teehaus Tee, **sai**, gehört zu den Standardgetränken der Malediver und wird zu jeder Tageszeit genossen. Wenn Sie auf einer Fischerinsel oder in Malé umherspazieren, kehren Sie doch einmal in eines der typischen Teehäuser ein: Sie sehen nicht besonders gemütlich und einladend aus; doch hier kann man kleine Köstlichkeiten an Gebäck, gefüllten Teigtaschen, Fischbällchen und Ähnliches entdecken. Zu allem trinkt man Tee, und zum Abschluss werden vor dem Gast oft Betelblätter, Arekanuss, Kalk und/oder eine Zigarette ausgebreitet. Am Ausgang bezahlen Sie dann das, was Sie verzehrt haben.

In vielen Mittelklasseresorts bestehen alle drei Hauptmahlzeiten aus Buffets. Das Frühstück gibt es eigentlich überall in Buffetform, mittags ist es dann auch mal eine Menüauswahl, ebenso gelegentlich abends. Während der Woche steht das Buffet

Buffets für Genießer

meist unter einem bestimmten Motto: Italienischer Abend, Maledivisches Buffet, Asiatische Küche ... Größere Hotels und diejenigen der Luxusklasse verfügen oft über mehrere Restaurants, so dass man die Küche und das Ambiente wechseln und zum Beispiel Meeresfrüchte, Pizzas, Grillgerichte oder Spezialitäten aus Indien und Sri Lanka genießen kann. Falls man Voll- oder Halbpension gebucht hat und einmal eines der Spezialitätenrestaurants ausprobieren möchte, erhält man einen Rabatt.

Die Speisen sind im Allgemeinen sehr frisch; besonders die Buffets bieten eine reiche Auswahl verschiedener Fleisch-, Geflügel- und Fischgerichte, Gemüse und Beilagen. Nett dekorierte Vorspeisen und sehr verführerisch aussehende Desserts gehören natürlich auch immer zum Angebot. Die Tagesgerichte werden in den meisten Fällen auf kleinen Schildern in englischer Sprache – manchmal auch noch in anderen Sprachen – aufgeführt.

Meeresfrüchte sowie Krustentiere sind selten Teil des kulinarischen Repertoires im Hauptrestaurant. Die meisten Hotels bieten Hummer und Krevetten auf Wunsch per Aufpreis an. Sie sollten beim Verzehr der schmackhaften Meeresbewohner aber bedenken, dass die Bestände an Hummern im Indischen Ozean extrem abgenommen haben und die Tiere nur noch unter großem Aufwand gefunden werden.

Landesspezialitäten

Einmal pro Woche wird in der Regel ein maledivischer Abend organisiert. Der maledivische Curry ist milder als der indische – raffinierte Gewürzmischungen geben ihm eine leichte Schärfe und würzigen Geschmack. Zu den Gerichten reicht man in Kokosmilch gekochten ungesalzenen Reis und **roshi**, eine Art Fladenbrot. Fischcurries verschiedener Würze, Fischbällchen und **masooni**, eine trockene Mischung aus Kokosflocken und Fisch, werden oft schon zum Frühstück verzehrt. Fisch wird auch gerne gegrillt – und wenn Sie am Spätnachmittag an einem Fischausflug teilgenommen haben, finden Sie Ihren Fang vielleicht noch am selben Abend auf Ihrem Teller wieder. Schweinefleisch fehlt völlig auf dem Speiseplan der Moslems.

Das Getränkeangebot ist sehr reichhaltig – es reicht von frischen Fruchtsäften bis zu raffinierten Cocktails. Beim Empfang im Hotel werden Sie meist mit einem Mixgetränk aus Fruchtsäften oder mit einer Trinkkokosnuss, **Kurumba**, auf exotische Genüsse eingestimmt. Sollten Sie sich für ein All-inclusive-Resort entscheiden, wird hier auch eine Auswahl von alkoholischen und nichtalkoholischen Standardgetränken im Preis inbegriffen sein. Sonderwünsche und exotische Cocktails müssen allerdings oft extra bezahlt werden. Das Personal an der Bar besteht nie aus Maledivern, da diese keinen Alkohol trinken und auch nicht servieren dürfen.

Auf den meisten Einheimischeninseln gibt es keine Restaurants, nur in Malé findet man eine große Auswahl – von einfachen Snack-Bars und Teehäusern bis hin zu feinen Restaurants der gehobenen Preisklasse (→ S. 28). Alkohol ist in den Lokalen der Resortinseln, aber auf keiner Einheimischeninsel der Malediven erhältlich.

Markt in der Hauptstadt Malé. Traditionell kümmern sich auf den Malediven die Männer um den Lebensmitteleinkauf.

Die Atollinseln sind eine Augenweide und Entspannung pur für gestresste Seelen.

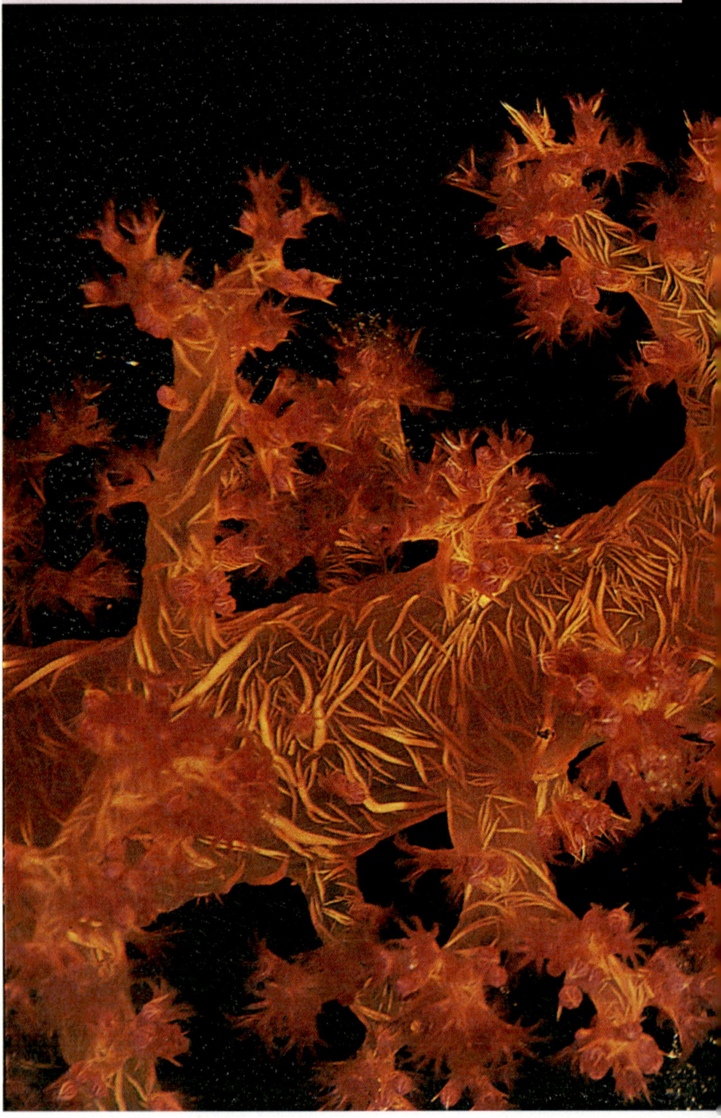

Faszinierend schön sind die Lederkorallen – hier ein besonders eindrucksvolles Exemplar.

Eng, heiß, lebendig, faszinierend: Malé, die Hauptstadtinsel, ist Handels-, Kultur-, Bildungs- und Verwaltungszentrum des Landes – eine bunte Mischung aus Modernität und Tradition.

Malé

E 10, S. 117

75 000 Einwohner
Stadtplan → Klappe hinten

40 Prozent der Gesamtbevölkerung leben in der Hauptstadt der Malediven auf relativ kleinem Gebiet zusammen. Zwar wurde die Hauptstadtinsel mehrfach durch Landgewinnungsprojekte vergrößert, dennoch reicht der Platz kaum, und die Gebäude werden jedes Jahr höher gebaut. Es kurven immer mehr Fahrzeuge durch die viel zu engen Straßen (es gibt allein schon über 600 Taxis!), Geschäfte, Restaurants und Büros kommen hinzu. Die meisten Menschen fahren mit dem Fahrrad umher, aber auch Motorräder sind sehr beliebt. Alle Straßen Malés enden im Meer.

Die Bewohner der Hauptstadt sind stolz darauf, in Malé zu wohnen. Die ebenfalls als Wohngebiet genutzte Nebeninsel **Viligili**, auf der sich früher ein Touristenresort befand, ist nicht so beliebt – obwohl es hier grüner, ruhiger und billiger ist. Die Mieten in Malé sind sehr hoch. Es ist im Gespräch, dass in absehbarer Zeit auch die nördlich des Flughafens gelegene Insel **Farukolhufushi** besiedelt werden soll, auf der sich zur Zeit noch ein Club Mediterranée befindet.

Dhoni neben Dhoni am alten Hafen von Malé. Der Fischfang ist nach dem Tourismus immer noch der wichtigste Wirtschaftsfaktor der Malediven.

Obwohl Malé nicht gerade über viele Baudenkmäler und Sehenswürdigkeiten verfügt, lohnt sich ein ausführlicher Bummel durch die größte Stadt des Inselreichs. Besonders der Spätnachmittag und die frühen Abendstunden eignen sich dafür, da es dann weniger heiß ist. Das Völkergemisch in den Gassen, die kontrastreichen Straßen, wo sich moderne Büro- und Verwaltungsgebäude neben traditionellen Geschäften und Markthallen erheben, der schöne Präsidentenpalast und als Höhepunkt die große Moschee, deren goldenes Dach und Minarett von weit her sichtbar sind – das alles werden Sie entdecken.

Die Bauten der Hauptstadt sind hell und meistens aus Beton errichtet. Hohe Mauern umgeben viele Häuser, die Straßen sind recht schmal. Bei Regen sind Teile der Stadt schnell überflutet, Taxis schwer zu bekommen, und die Menschen waten durch kniehohe Pfützen.

An der **Bodu Thakurufaanu Magu**, dem ehemaligen Marine Drive, liegen viele Geschäfts-, Büro- und Verwaltungsgebäude von Banken, Fluggesellschaften und Ministerien. Der Hauptplatz liegt gegenüber des hölzernen **Präsidentenpiers**, der nicht betreten werden darf.

Dahinter liegt die **Grand Friday Moschee**, die größte der insgesamt fünf Moscheen in Malé. Sie wurde im Jahre 1984 eröffnet und kann besichtigt werden – mit angemessen dezenter Kleidung. Architektur, Aufbau und Größe sind sehr eindrucksvoll, der Blick von oben in den Gebetsraum ist richtig spannend. Diese Moschee ist das spirituelle und kulturelle Zentrum Malés: Die Menschen kommen zum Lernen, Studieren, Meditieren und Beten hierher. Übrigens: Auf den Malediven wird fünfmal am Tag gebetet, und zu diesen Zeiten bleiben alle Läden für etwa eine halbe Stunde geschlossen.

In der Straße hinter der Moschee liegen das **Nationalmuseum** im Sultanspark, eine Galerie, der **Sultanspalast**, die älteste Moschee der Stadt mit angrenzendem Friedhof und das **Parlamentsgebäude**. Die meisten Hotels liegen am nördlichen Stadtende, unweit der Anlegestelle der Fährdhonis, die vom Flughafen kommen.

Das Geschäfts- und Einkaufszentrum Malés (und des ganzen Inselstaates!) sind die Straßen südlich vom Hauptplatz, die **Orchid Magu**, **Chandani Magu** sowie Nebenstraßen. Hier gibt es außer einem bunten Warenangebot, vielen Souvenirs, Restaurants und Snackbars auch den **Präsidentenpalast** zu bewundern. Ein beliebtes Fotomotiv ist die kleine Tankstelle in der Orchid Magu, die sicher nicht ganz den europäischen Sicherheitsvorschriften entspricht. Etwas näher am inneren Hafen sollten Sie dann auf keinen Fall den **Gemüsemarkt** versäumen, wo es besonders am Spätnachmittag immer lebendiger wird.

Auch der **Fischmarkt** am Marine Drive lohnt einen Besuch, vor allem nachmittags, wenn die Dhonis mit ihrem Tagesfang in den Hafen einlaufen. Dann wird um Tunfische, Bonitos, Haie und Brassen gefeilscht, dass es dem Gast eine Freude ist ...

Die Hauptattraktionen der Stadt befinden sich alle in einem relativ engen Gebiet und können bequem in einem etwa eineinhalbstündigen Rundgang besucht werden (→ S. 26).

Sollten Sie mehr Zeit und Interesse haben, lohnt es sich, in die Gebiete vorzudringen, in denen man selten Touristen sieht: in Richtung des Südendes der Insel und in die Straßen hinterm Marine Drive. Hier bekommen Sie einen Einblick in die Alltags- und Lebensgewohnheiten der Malediver, finden vielleicht ein uriges Teehaus und werden sicher neugierig angeschaut. Sollte es zu heiß sein, können Sie sich auch im Taxi umherfahren lassen. Der Preis für eine Fahrt beträgt tagsüber 10 Rufiyahs oder 1 US$, abends oder mit Gepäck müssen Sie mehr bezahlen.

Hotels/andere Unterkünfte

Große und kleine Hotels bieten in Malé alles – von einfacher Unterkunft bis zum komfortablen Zimmer. Die Hotels sind freilich nicht besonders schön, und man bemerkt den in Malé herrschenden Platzmangel überall. Nur einige Beispiele werden im Folgenden genannt, eine ausführliche Liste, vor allem auch von kleineren, einfachen und preiswerten Pensionen, können Sie sich vom Fremdenverkehrsamt zuschicken lassen (→ Auskunft S. 96).

Central ■ d 3

Stadthotel mit moderner Ausstattung und Dachrestaurant. Viele Transfergäste und Geschäftsleute steigen hier ab. Aus den Zimmern des mehrstöckigen Gebäudes genießt man zum Teil einen recht schönen Blick.
G. Sanoraage, Rahdhebai Magu, Malé; Tel. 31 77 66, Fax 31 53 83; www.centralmaldives.com; E-Mail: central@dhivehinet.net.mv;
44 Zimmer ★★ AmEx MASTER VISA

Ikaz ■ a 3

Das charmante Hotel am Westende der Stadt in einer lebhaften, untouristischen Gegend wurde 2001 umgebaut. Neue, sehr saubere Zimmer und ein sehr freundliches, hilfsbereites Management erwarten die Gäste. Ein kleines Restaurant bietet schmackhafte Küche mit lokalem Einfluss. Hierher müssen Sie sich mit einem Taxi bringen lassen. Das staatliche Krankenhaus, ein Kino und ein paar urige Restaurants liegen in der Nähe.
M. Angaagiri, Shaheed Ali Higun, Maafannu, Malé; Tel. 33 28 91, Fax 33 28 95; E-Mail: ikaz@dhivehinet.net.mv;
9 Zimmer ★ bis ★★ MASTER VISA

Kam ■ f 2

Mehrstöckiges Stadthotel am Nordostende in der Parallelstraße zum Marine Drive, nicht weit vom Dhonihafen, wo die Flugzeugfähren ankommen. Alle Zimmer haben Fernseher, Kühlschrank, Föhn und Safe. Vom Restaurant im obersten Stock aus hat man einen schönen Blick über die Stadt. Alles ist sauber und der Service gut. Kleiner Swimmingpool.
H. Roanuge, Meheli Goalhi, Malé; Tel. 32 06 11, Fax 32 06 14; E-Mail: kamhotel@dhivehinet.net.mv;
31 Zimmer ★★ MASTER VISA

Nasandhura Palace ■ f 2

Stadthotel am Nordostende Malés. Günstig gegenüber der Dhonianlegestelle am Marine Drive gelegen. Die Rezeption ist großzügig und das Personal sehr freundlich. Die Zimmer sind etwas dunkel, aber sauber und praktisch eingerichtet mit Telefon, Kühlschrank, Föhn und Fernseher. Ein hübsches Gartenrestaurant bietet eine gute Auswahl von Snacks in netter Atmosphäre. Reservieren Sie rechtzeitig.
Boduthakurufaanu Magu, Malé; Tel. 32 33 80, Fax 32 08 22; E-Mail: nasndhra@dhivehinet.net.mv;
31 Zimmer ★ bis ★★ AmEx MASTER VISA

Relax Inn ■ f 2

Stadthotel in zwei mehrstöckigen Gebäuden am Nordostende Malés. Moderne Einrichtung, freundlicher Service.
Ameeru Ahmed Magu, Malé; Tel. 31 45 32, Fax 31 45 33; E-Mail: relaxinn@dhivehinet.mv; 30 Zimmer ★ bis ★★ AmEx DINERS MASTER VISA

Oben: Das spirituelle und kulturelle Zentrum der Inselhauptstadt ist die Freitagsmoschee. Der Islam ist auf den Malediven Staatsreligion.

Mitte: Das kleine Nationalmuseum vermittelt einen Einblick in das Leben der Sultane. Hier ist der Thronsessel zu sehen.

Unten: Bekleidung und Werbeplakate zeigen, dass die Malediven ein moderner islamischer Staat sind.

Spaziergang

Der Spaziergang beginnt am Hauptplatz von Malé, **Jumhooree Maidan,** über dem die Fahne der Malediven flattert, gegenüber vom Präsidentenpier. Hinter dem Platz leuchtet die goldene Kuppel der **Grand Friday Moschee,** in der sich auch das islamische Zentrum befindet. Folgen Sie der Uferstraße Bodu Tthakurufaanu Magu (ehemals Marine Drive) nach links in Richtung Osten. Auf der lin-
6 ken Seite schaukeln viele Dhonis und Yachten im Wasser, auf der anderen liegen Büro- und Verwaltungsgebäude von Banken, Fluggesellschaften, Ministerien und Hotelagenturen. Nach mehreren hundert Metern, hinter dem Restaurant Thai Wok, biegen Sie nach rechts in die Sosun Magu ein, überqueren die Ameer Ahmed Magu und biegen wieder rechts in die Medhuziyaarai Magu ein. Beim Hinabgehen erkennt man schon das kleine blau-weiße Minarett der ältesten Moschee der Stadt in der Ferne. Zunächst passieren Sie auf der linken Seite das repräsentative Gebäude des ehemaligen **Sultanspalastes Muleeaage,** den man nur von der Straße aus besichtigen kann. Er wurde 1918 von Sultan Shamsuddeen III. für seinen Sohn gebaut, heute befindet sich darin das Büro des Präsidenten. Dann kommt die 1656 errichtete ehemalige Freitagsmoschee **Hukuru Miskiij,** die leider auch nicht von innen betrachtet werden kann. Sie ist mit arabischen Schriftzeichen verziert, ebenso wie die Steine des daneben liegenden kleinen Friedhofs, auf dem interessante Gräber zu sehen sind. Etwa 200 m weiter folgt der **Sultanspark,** in dem sich das **Nationalmuseum** befindet, dessen Besichtigung unbedingt lohnt. Daneben liegt die **Esjehi Galerie.** Auf der rechten Seite gegenüber liegt das neue islamische Zentrum mit der **Al-Sultan-Mohammed-Thakurufaanu-Moschee,** überragt von der von weitem sichtbaren goldenen Kuppel und dem 41 m hohen Minarett, welches Sie außerhalb der Gebetszeiten besichtigen können (angemessene Kleidung vorausgesetzt, Schuhe müssen am Eingang gelassen werden). 5000 Gläubige finden in dem verzierten Innenraum Platz. Das Gotteshaus ist benannt nach dem Sultan der Malediven, der 1573 die Portugiesen vertrieb.

Durch die kleine Gasse vorbei am Treppenaufgang der Moschee gelangen Sie zum Hauptplatz. Rechter Hand liegt das festungsähnliche Gebäude des National Security Service (NSS, keine Fotos). Biegen Sie am Südwestende des Platzes dann in die schräg gegenüberliegende Orchid Magu, eine der Hauptgeschäftsstraßen Malés, ein. Auf beiden Seiten stellen kleine Läden ihr Sortiment aus. An der nächsten Straßenkreuzung erhebt sich rechts das STO Einkaufs- und Bürozentrum, in dem sich auch ein Supermarkt und viele andere Shops befinden.

Weiter auf der Orchid Magu, vorbei an der Moschee, sehen Sie auf der rechten Seite den **Präsidentenpalast Theemuge** liegen, vor dem immer Wachen aufgestellt sind (keine Fotos!). Gehen Sie dieselbe Straße wieder einige hundert Meter zurück und biegen Sie hinter der Moschee links in die Gasse ein; in der anderen Richtung wären weitere Geschäfte und Restaurants zu finden. Immer geradeaus gelangt man zum Obst- und Gemüsemarkt. In einer luftigen Halle werden hier die Waren auf Tischen präsentiert, man kann eine Weile herumstöbern und einige exotische Früchte oder vielleicht auch Betelblätter probieren. Hinter dem

Der Jumhoree Maidan, der begrünte Hauptplatz von Malé, über dem die Nationalflagge flattert, ist Ausgangspunkt für einen Rundgang durch die Stadt.

HAHEEDH HUSSAIN ADAM BUILDING

Obstmarkt, an der Uferstraße, lag früher der Holzmarkt, der aber heute unbedeutend ist.

Wenn Sie nach rechts auf der Uferstraße weitergehen, kommen Sie am Fischmarkt vorbei, den Sie sicher schon aus der Distanz riechen konnten. Menschen gehen hier ein und aus, es wird gehandelt und gefeilscht, die Fische werden aus den Booten geladen und ausgenommen – ein buntes Treiben vor allem in den Spätnachmittagsstunden. Von hier sind es nur noch wenige Meter zurück zur Anlegestelle, dem Ausgangspunkt unseres Rundgangs.
Dauer: 1,5–2 Stunden

Museen

National Museum
In diesem schönen Gebäude (Old Grand Palace) im Sultanspark werden Relikte aus der Geschichte der Malediven in einer etwas ungeordneten, aber interessanten Sammlung ausgestellt: Ausgrabungsfunde, Waffen, Schiffsmodelle, Möbel und Gegenstände des täglichen Lebens. Das Museum kann bequem in weniger als einer Stunde besucht werden.
Medhuziyaarai Magu; Sa–Do 9–11.40, 15–17.40 Uhr; Eintritt 5 Rfh

In der Nachbarschaft liegt die **Esjehi Galerie**. Hier werden im historischen Holzpalast **Esjehi Ganduvaru** Gemälde, Fotos und andere Kunstgegenstände maledivischer Künstler ausgestellt. Allein die Architektur dieses Palastes, den ein Edelmann Ende des 19. Jh. errichten ließ, ist den Besuch wert.
Sa–Do 8–18.30, Fr 14–19 Uhr

Essen und Trinken

Neben den genannten Restaurants gibt es viele Snack-Bars, Teehäuser und Eiscafés, wo man oft für sehr wenig Geld örtliche Spezialitäten kosten kann. Die Preise liegen bei 4 bis 15 US$ für ein Hauptgericht. Während des Ramadan-Monats bleiben die meisten Restaurants tagsüber geschlossen.

Parkview Restaurant ■ c 3
Indische, chinesische und internationale Küche, gehobener Standard, gute Curries.
Chandhanee Magu; Tel. 32 81 06; tgl. außer Fr

Queen of the Night ■ e 2
Beliebte Teestube am Hafen, am Ostende des Marine Drive.
Tgl. geöffnet

Seagull Café House ■ c 2
Restaurant mit schattigem Garten. Sandwiches, Snacks, Säfte und Eis.
Ecke Chandhanee Magu und Fareedhee Magu; tgl. geöffnet

Thai Wok
Klimatisiertes, etwas dunkles Restaurant am Marine Drive, gute asiatische und einheimische Küche.
Bodu Thakurufaanu Magu
Tgl. geöffnet

Einkaufen

Viele Boutiquen und Einkaufszentren bieten Souvenirs, Elektroartikel, Schmuck und vieles mehr an. Bummeln Sie einfach durch die Straßen um Orchid Magu und Chandhanee Magu.

Service

Bootsmiete
Nazaki Launch Services
Tel. 32 43 14 oder 77 19 38
MTTC
Tel. 32 20 25, Fax 32 32 21;
http://mtccmaldives.com
Seatracs
Tel. 32 45 66

Gut organisierte Resortinseln

mit Komfort, kurze, bequeme Bootstransfers und beste Möglichkeiten zum Besuch in Malé – das Nord-Malé-Atoll hat viele Vorzüge.

NORD-MALÉ-ATOLL

■ DEF 9, S. 117

Karte → S. 31

Im Nord-Malé-Atoll mit seinen rund 50 Inseln liegt die Wiege des Tourismus auf den Malediven. In diesem 67 km langen und 41 km breiten Atollring befinden sich die Hauptstadt, der Flughafen und sechs weitere bewohnte Inseln. In der Nähe der Inseln **Helengeli** und **Giravaaru** liegen sehr schöne Tauchgründe, nahe des Flughafens lockt das **Victory-Wrack** Taucher an. Kurz: Bildhübsche Inseln mit einladenden Resorts in allen Kategorien, moderner Komfort, makellose Strände und schöne Lagunen erwarten Sie. Es gibt viele Sportangebote, darunter die besten Wellenreitgebiete der Malediven. Besonders im Norden und im Westen des Atolls ist es sehr ruhig. Hier fühlt man sich allein mitten im Indischen Ozean ...

Hudhuveli Island und **Mukunudu Island** werden nicht beschrieben, da sie inzwischen nur noch von wenigen deutschsprachigen Gästen besucht werden.

Die Inseln des Nord-Malé-Atolls liegen vielfach unweit des Flughafens. Der Transfer dorthin erfolgt mit Dhoni oder Speedboot.

Angsana Ihuru Resort & Spa ■ a 5

Die kleine runde, palmenbewachsene Insel **Ihuru** gehört zu den beliebtesten Fotoobjekten auf den Malediven. Das grüne Eiland ist umgeben von einem blütenweißen Sandstrand und liegt inmitten einer perfekt geformten türkisfarbenen Lagune – Postkartenidylle pur. Seit 2002 betreibt die Angsana Kette die Insel und bietet eine Mischung aus Luxus, Gourmetfreuden, Entspannungskuren, Bädern, Massagen und anderen Anwendungen an. Die palmengedeckten Bungalows und Hauptgebäude sind sehr ästhetisch und modern im Feng-Shui-Stil ausgestattet. Sie sind sehr gut in die Vegetation der Insel integriert, in Naturfarben gehalten, haben alle ein tolles Open-Air-Bad und zum Teil einen eigenen Whirlpool. Zu jeder Zeit kann man in der typisch maledivischen Holzschaukel vor dem Bungalow relaxen. Nirgendwo ist man weit vom Strand entfernt, und auch eine Inselumrundung lässt sich in 20 Minuten bewältigen. Insgesamt geht es hier ruhig zu, auf ein großartiges Unterhaltungsprogramm müssen die Gäste verzichten.

Hingegen wird sehr auf Umweltschutz geachtet. Meeresbiologen wohnen auf der Insel. Sie unterhalten ein Meeresschildkrötenschutzprogramm, bieten Infoabende und geführte Schnorcheltouren an. Nicht nur aus diesem Grund ist das Hausriff um Ihuru in einem ausgesprochen guten Zustand.

Neben dem Angebot des Wellnesszentrums mit Sauna und Whirlpool, Massagen und Schönheitskuren können die Gäste auch die Nachbarinsel Banyan Tree kostenlos besuchen. Das nahe liegende, wunderschöne Hausriff ist leicht zugänglich, und die Tauchschule unterrichtet PADI-Kurse bis zum Divemaster-Niveau. Sie bietet einen sehr professionellen Service an und fährt viele interessante Tauchgründe an. Nitroxtauchen soll ab Mitte 2003 möglich sein. Im Angebot sind außerdem Windsurfen, Banana Boat, Parasailing, Wake Board, Kanu, Tiefseefischen, Wasserski, Beachvolleyball und Katamaransegeln.

Tel. 44 35 02, Fax 44 59 33; www.angsana.com, E-Mail: maldives@angsana.com; Transfer: 30 Min. Speedboot, 17 km; 45 Zimmer; mittlere Tauchpreise, hohe Nebenkosten
★★★★ AmEx MASTER VISA

Asdu Sun Island ■ c 4

Die Atmosphäre auf der 320 x 150 m großen Insel **Asdu** ist einzigartig. Nichts wird hier im großen Rahmen aufgezogen. Rezeption, Bar und Restaurant befinden sich alle im selben Gebäude, die Bungalows gruppieren sich zum größten Teil als Reihenhäuser direkt am Strand. Der Bewuchs der Insel ist natürlich; es wurden keine Gartenanlagen geschaffen oder Wege zwischen den Bungalows gepflastert. Teile des Strandes sind mit Mangroven zugewachsen, trotzdem fehlt es nicht an guten Bademöglichkeiten, und das Hausriff liegt zwischen 20 und 120 m entfernt.

In den einfachen, sauberen Zimmern gibt es keine Klimaanlage, sondern eine durch wind- und lichtdurchlässige Holzgitter und Holzläden gewährleistete natürliche Brise, die das Zimmer kühl hält. Ein Ventilator unterstützt diesen Effekt. Durch diese offene Bauweise sind die Zimmer allerdings sehr hellhörig. Im geschlossenen Bad gibt es nur eine Kaltwasserdusche, die Terrasse zum Meer hinaus wird mit den Nachbarzimmern geteilt.

Die Gäste der Insel sind international, vor allem Familien fühlen sich hier sehr wohl. Die meisten waren schon einmal hier und buchen in Eigeninitiative.

Nord-Malé-Atoll
Tauchplatz
Riff
a
b
c
1
2
3
4
5
6
Lady Christine
S. S. Seagull
S. S. Crusader
Kaaffu-Atoll
Gaafaru
Gaafaru Village
Gaafaru
Gaafaru Channel
Olhahali
Kagi
Akirifushi
Helengeli Tourist Village
Helengeli
Helengeli Thila
Eriyadhu Island Resort
Eriyadhu
Boduhali
Maadhunifinolhu
Kudahali
Makunudhu Kandu
Makunudhu
Ziyaaraifushi
Olhugiri
Raalhuaraagiri
Summer Island Village
Reethi Rah Resort
Medhufinolhu
Madivaru
Thulhaagirifalhu
Taj Coral Reef
Hembadhu
Maabadhi
Asdu Sun Island
Kudabadhi
Asdu
Meeru Island Resort
Meerufenfushi
Bisfushi
Dhiffushi Village
Boduhithi
Dhiffushi
Rasfari
Kudahithi
Rasfari
Vilinnili
Thulusdhoo
Mathidhahuraa
Gasfinolhu
Thulusdhoo
Nakatchafushi
Nakatchafushi
Lohifushi Island Resort
Kanifinolhu
Lohifushi
Huraa Village
Club Mediterranée
Blue Lagoon
Kuda Huraa
Koddhipparu
Thulhagiri
Girifushi
Four Seasons Resort Maldives
Ihuru
Vabbinfaru
Himmafushi Village
Sonevagili Resort
Angsana Ihuru Resort & Spa
Banyan Tree
Lankanfushi
Baros
Hudhuveli
Baros Island Resort
Steak Point
Lankanfinolhu
Paradise Island
Bandos
Paradise
Bandos Island Resort
Black Coral
Kuda Bandos
Full Moon Beach
Furana
Kurumba
Farukolhufushi
Kurumba Village
Club Med Faru
Kuda Haa
Aarah
Giraavaru
Feydoofinolhu
Hulule
Giraavaru Resort
Doonidhu
Giraavaru Channel
Malé
Funadhoo
Villingili
Lion´s Head
Maldive Victory
Villingili Caves
Malé
Vaadhu Channel
6
7
Velassaru
Vaadhu
Embudhu Finolhu
Bolifushi
Embudhu
N
0
6 km
© MERIAN-Kartographie

Essen gibt es im Hauptrestaurant, wo mittags und abends ein kleines Buffet mit begrenzter Auswahl aufgebaut wird, das Frühstück ist eher dürftig. Alle Gäste haben Vollpension.

Die Tauchschule ist klein und persönlich. Es werden Kurse nach PADI- und SSI-Richtlinien angeboten und etwa 25 Tauchplätze angefahren.
Tel./Fax 44 50 51; www.asdu.com, E-Mail: info@asdu.com.mv; Transfer: 1,5 Std. Speedboot, 3 Std. Dhoni, 32 km; 30 Zimmer in Einzel-, Doppel- und Reihenbungalows; günstige Tauchpreise, geringe Nebenkosten ★ AmEx MASTER VISA

Bandos Island Resort M ■ b 5

Bandos wurde als zweite Insel der Malediven für den Tourismus erschlossen. Hier garantiert langjährige Erfahrung guten Service und Urlaubsqualität. Bandos eignet sich sowohl für Paare und Familien als auch für Geschäftsreisende. Die Anlage wird sehr professionell geführt und hat internationalen Standard. Mit wunderschönen Gartenanlagen, drei Restaurants, drei Bars, zwei Pools, Konferenzräumen, sehr gutem Sportzentrum, Sauna, Arztpraxis mit Dekompressionskammer und traumhaftem Strand bleiben kaum Wünsche offen. Sie ist auch für Rollstuhlfahrer geeignet. Das Publikum ist international.

Alle Zimmer sind gut ausgestattet und schön eingerichtet; sie verteilen sich meist auf Doppel- oder Reihenbungalows. In einem Kinderclub mit Spielplatz können die kleinen Gäste sich vergnügen und werden kostenlos betreut, während die Eltern das reiche Angebot an Wasser- und Landsportarten ausprobieren: Tauchen, Katamaransegeln, Surfen, Banana-Ride, Parasailing, Wasserski, Kanu, Billard, Tennis, Tischtennis, Badminton, Squash, Volleyball, Fußball und Hochseefischen. In einem Massagezentrum kann man eine thailändische Massage genießen, und es gibt auch einen Schönheitssalon, Friseur, Fitness- und Aerobicraum.

Die Insel ist fast rund, 400 x 600 m groß und umgeben von einem feinen Sandstrand, der von Korallenwällen durchbrochen wird.

Die Tauchbasis ist sehr modern und großzügig angelegt, sie bietet PADI-Kurse an. Täglich fahren mehrere Boote die schönsten Tauchplätze an; am direkt zugänglichen Hausriff liegt ein Wrack, außerdem ist das bekannte **Victory Wrack** in der Nähe.
Tel. 44 00 88, Fax 44 38 77; www.bandos.com, E-Mail: sales@bandos.com.mv; Transfer: 20 Min. Speedboot, 35 Min. Dhoni, 8 km; 225 Zimmer; mittlere Tauchpreise, hohe Nebenkosten ★★★ AmEx MASTER VISA

Banyan Tree MM ■ a 5

Die Anlage auf der bildschönen Insel **Vabbinfaru** ist ein kleines Luxushotel mit intimer Atmosphäre. Alles ist durchdacht und exquisit zusammengestellt. Die Zimmer liegen in individuellen, sehr attraktiven und komfortabel eingerichteten Rundbungalows, die alle direkten Strandzugang haben. Der feinsandige Strand ist ideal zum Sonnenbaden, und in der Lagune kann man gut schwimmen. Ein wenige Meter entferntes Hausriff umgibt die Insel. Häufig kommen Stachelrochen an den Strand.

Aufgrund des begrenzten Platzangebots liegen die Bungalows relativ nah beieinander. Jede Villa hat einen kleinen Garten, manche Jacuzzi. In der Architektur von Bungalows, Restaurant, Rezeption, Bar und Spa (Massagesalon) merkt man den asiatischen Einfluss. Alles ist sehr geschmackvoll eingerichtet.

Der Service ist aufmerksam, und die Küche sorgt für Gourmeterlebnisse. Im sehr ansprechend angeleg-

Oben: Die traditionellen Segeldhonis haben einen besonders flachen Rumpf, der das Überqueren von Korallenriffen erleichtert.

Mitte: Alle Gartenvillen des luxuriösen Banyan Tree Resort auf der Insel Vabbinfaru haben ein Himmelbett mit Moskitonetz.

Unten: Manchmal wagen sich zur Begeisterung der Gäste die Stachelrochen bis an den Strand.

ten Spa können Sie sich von balinesischen Masseurinnen die Muskeln lockern lassen.

Das Publikum der Anlage besteht vor allem aus Paaren, darunter viele Honeymooner. Sehr beliebt ist der Kochkurs, bei dem Sie lernen, traditionelle maledivische Speisen zuzubereiten. Abendunterhaltung wird nur an wenigen Tagen angeboten, die Gäste werden aber auf Wunsch zum Tanzen auf die Nachbarinsel **Angsana Ihuru** gebracht.

Das Sportangebot umfasst Windsurfen, Segeln, Kajak, Kanu (inklusive) sowie Wasserski, Hochseefischen und Angeln. Natürlich stehen regelmäßig verschiedene Ausflüge auf dem Programm. Eine Tauchschule bietet SSI- und PADI-Kurse an. Es gibt auch einen Internetanschluss für Gäste.

Tel. 44 31 47, Fax 44 38 43; www.banyantree.com, E-Mail: admin@banyantree.com.mv; Transfer: 25 Min. Speedboot, 1 Std. Dhoni, 14 km; 47 Zimmer, 1 Suite in Einzelbungalows; hohe Tauchpreise, geringe/mittlere Nebenkosten ★★★★ AmEx DINERS MASTER VISA

Baros Island Resort MMM

■ a 5

Die kleine, wunderschöne Insel (400 x 300 m) ist sehr beliebt, und besonders die gemütlichen Wasservillen sind lange im Voraus ausgebucht. Die Bungalows sind geräumig und gut in das üppige Grün der gepflegten Gartenanlage eingebettet. Der Service ist unfehlbar, die Küche ausgezeichnet. Die Zimmer sind alle sehr ordentlich und ansprechend eingerichtet und mit einer Minibar ausgestattet. Sandwege führen über Baros, das von einem feinen Sandstrand umgeben ist. Hohe Kokospalmen spenden Schatten, und die Lagune eignet sich gut zum Windsurfen.

Auf Baros wird eine Windsurfschule betrieben, man kann Segeln und Wasserski fahren, Hochsee- und Nachtfischen. Ausflüge nach Malé und auf verschiedene andere Inseln werden regelmäßig durchgeführt.

Die Tauchbasis schult nach PADI- und VIT-Richtlinien und fährt 28 vielfältige Tauchplätze an. Am 20 m entfernten Hausriff kann man gut schnorcheln und tauchen.

Tel. 44 19 20, Fax 44 34 97; www.unisurf.com, E-Mail: sales@unisurf.com; Transfer: 20 Min. Speedboot, 1 Std. Dhoni, 15 km; 77 Zimmer in Einzel-, Doppel- und Wasserbungalows; mittlere Tauchpreise, hohe Nebenkosten ★★ bis ★★★

AmEx DINERS MASTER VISA

Eriyadhu Island Resort

■ a 3

Die ovale Insel (190 x 70 m) säumt ein weicher Sandstrand von unterschiedlicher Breite. Im Inselinneren ist es grün und voller Büsche, es gibt kaum Kokosnusspalmen. Das Hausriff gilt als eines der schönsten auf den Malediven, ist direkt zugänglich und eignet sich sehr gut zum Schnorcheln und Tauchen, was man in der professionellen Barakuda-Tauchschule nach PADI-, CMAS-, SSI- und VDST Richtlinien lernen kann. Eine Vielzahl von Kursen steht zur Auswahl, ebenso Non-limit-Tauchen.

Zu den angebotenen Sportarten gehört Windsurfen (auch Kurse), Kanu, Katamaransegeln, Wasserski, ein Fitnessraum, Fischen und natürlich Tauchen.

Alle Zimmer haben ein Open-Air-Bad und sind mit Minibar, Fernseher, Föhn und Telefon ausgestattet. Die Zimmer liegen in Zweierblöcken zusammen.

Tel. 44 44 87, Fax 44 59 26; E-Mail: eriyadu@aaa.com.mv; Transfer: 60 Min. Speedboot, 3 Std. Dhoni, 44 km; 46 Zimmer in Einzel- und Doppelbungalows; hohe Tauchpreise/mittlere Nebenkosten ★★ AmEx MASTER VISA

Four Seasons Resort Maldives at Kuda Huraa MMM c 5

Die luxuriöse Anlage liegt in einer großen Lagune auf der länglichen Insel **Kuda Huraa**. Die Vegetation ist auf Kuda Huraa nicht so dicht; hohe Kokospalmen spenden Schatten, und die exklusiven Einzelbungalows sind von gepflegten Gärten umgeben, die Privatsphäre gewährleisten. Vor den Strandbungalows der gehobenen Kategorie liegt jeweils ein kleiner Privatpool, in dem man sich ungestört erfrischen kann; diese Zimmer haben außerdem ein Open-Air-Bad. Alle sind wunderschön eingerichtet, bestechen durch ihre reichhaltige Ausstattung und geschmackvolles Dekor. Die Wasserbungalows und Suiten sind eine Augenweide, sehr elegant und geräumig. Aus den Panoramafenstern blickt man über die Weite des Indischen Ozeans, selbst das Badezimmer hat freien Blick übers Meer. Eine private Sonnenterrasse ermöglicht ungestörtes Sonnenbaden. Zur Ausstattung aller Bungalows zählen Safe, Minibar, CD-Player, Fernseher und Videogeräte (Verleih von CDs und Videos an der Rezeption), Telefon, Haartrockner und Bademantel.

Sehr gelungen ist der große Swimmingpool, dessen Wasser mit dem des Ozeans eine Einheit zu bilden scheint. Im Pool liegt eine Bar.
7 Neben der Badelandschaft befindet sich der Coffee Shop sowie das maledivisch-indische Spezialitätenrestaurant, das exotische Gerichte serviert. Die Küche im Four Seasons ist herausragend gut, eine gelungene Kombination und Harmonie östlicher und westlicher Köstlichkeiten. Alle Restaurants der Anlage sind elegant, die Atmosphäre ist ungezwungen und die Lage traumhaft. Abends wird ein leichtes Unterhaltungsprogramm geboten. Zum Komfort der Gäste fahren Elektroautos die Insel entlang, und es gibt Internetanschluss.

Ferner wird ein weit gefächertes Sport- und Ausflugsprogramm angeboten, wozu auch Hochseefischen, Windsurfen, Kajak, Parasailing, Wake Boarding, Banana-Ride, Wasserski und Tretbootfahren zählen. In einem Fitnessraum kann man trainieren und sich anschließend bei einer indonesischen Massage oder Schönheitsbehandlung in dem ansprechenden Spa oder auch im eigenen Zimmer verwöhnen lassen. Dampfbad und Aromatherapie-Behandlungen werden ebenfalls gerne genutzt. Die Tauchschule unterrichtet nach PADI-, NAUI- und IANTD-Richtlinien und bietet auch Nitroxtauchen an. Es gibt kein direkt zugängliches Hausriff.
Tel. 44 48 88, Fax 44 11 88; www.fourseasons.com, E-Mail: info@kudahuraa.com; Transfer: 25 Min. Speedboot, 20 km; 101 Einzel- und Wasserbungalows, 1 Suite, vier Wassersuiten; hohe Tauchpreise, hohe Nebenkosten
★★★★ AmEx MASTER VISA

Full Moon Beach b 5

Das Resort liegt nur wenige Minuten per Boot vom Flughafen entfernt. Es wurde auf der länglichen Insel **Furana** errichtet und zeichnet sich durch besonders üppige und gepflegte Gartenanlagen aus. In der Mitte der Insel verläuft eine Straße, auf der gelegentlich ein Minibus vorbeifährt. Der Strand ist nicht überall gleich schön, doch es gibt gute Bademöglichkeiten und einen sehr attraktiven und beliebten Süßwasserpool. Der Service ist gut, und alles wird professionell gemanagt. Die Rezeption, Restaurants, Bars, Grill und Pool liegen alle nahe beieinander am südlichen Inselende; die in zweistöckigen Gebäuden verteilten Strandzimmer strecken sich die Länge der Insel entlang, wobei auf der Westseite noch 52 Was serbungalows in die Lagune hinausragen. Der Strand ist auf dieser Seite begrenzt. Am Nordende der Insel liegt das Sportzentrum (Tennis, Fitnessstudio, Sauna und Whirlpool) und ein Kinderspielplatz.

Die Gästeschar besteht vor allem aus deutschen und britischen Touristen aller Altersgruppen. Halbpension ist die beliebteste Buchungsart. Das Unterhaltungsangebot ist groß.

Eine Vielzahl von Ausflügen wird organisiert, unter anderem auch mit dem Glasbodenboot. Es gibt viele interessante Tauchgründe in der Umgebung, und es erstaunt nicht, dass Tauchen hier ein sportlicher Favorit ist. Die Eurodivers-Tauchschule ist freundlich und kompetent und bietet PADI-Kurse verschiedener Stufen an.
Tel. 44 20 10, Fax 44 19 79; www.unisurf.com, E-Mail: sales@unisurf.com; Transfer: 15 Min. Speedboot, 20 Min. Dhoni, 6 km; 104 Doppel- und 52 Wasserbungalows; mittlere Tauchpreise, mittlere Nebenkosten ★★ bis ★★★ AmEx DINERS MASTER VISA

Giraavaru Resort ■ a 6

Die Insel **Giraavaru** liegt westlich von Malé am Außenriff. Sie hatte bereits Bedeutung, bevor auf Malé eine größere Ansiedlung entstand: Hier lebten schon vor 2000 Jahren, lange bevor die Malediven von den Sinhalesen erobert wurden, die Giraavaru, ein Stamm, der regen Handel und Fischfang betrieb. 1968 verließ das Volk die Insel und siedelte schließlich nach Malé über.

1980 entstand dann auf der kleinen Insel eine Hotelanlage, die 1999 renoviert wurde. Ein attraktiver Sandstrand mit wenigen Korallenwällen umgibt das ganze Resort. Man kann Giraavaru in zehn Minuten zu Fuß umrunden.

Die Gäste der Anlage sind international. Mehrmals in der Woche wird ein Abendprogramm angeboten. Man kann Tennis, Tischtennis und Volleyball spielen. Im Wassersportzentrum ist der Verleih von Katamaranen und Windsurfausrüstung möglich. Man kann auch Wasserski fahren. Es gibt sowohl ein Fitness- und Massagezentrum als auch einen Swimmingpool.

Die Tauchschule Planeta Divers bietet Tauchkurse aller Stufen an. Ein Hausriff liegt nur etwa 20 m entfernt. Es gibt einige sehr interessante Tauchgründe am **Vaadhoo Kanal**. Von über 30 erreichbaren Tauchplätzen werden mehr als 20 regelmäßig angefahren.
Tel. 44 04 40, Fax 44 48 18; www.giravaru.com, E-Mail: giravaru@dhivehinet.net.mv; Transfer: 15–20 Min. Speedboot, 1 Std. Dhoni, 11,3 km; 64 ein- und zweistöckige Reihen- und Doppelbungalows; mittlere Tauchpreise, mittlere Nebenkosten ★★
AmEx MASTER VISA

Helengeli Tourist Village ■ b 2

Helengeli (200 x 1280 m) liegt recht abgelegen im äußeren Norden des Atolls und ist eine sehr beliebte Taucherinsel. Sie ist ringsum von einem Sandstrand umgeben, kann allerdings nicht einfach zu Fuß umrundet werden, da einige Teile durch die ursprüngliche Vegetation erschwert zugänglich sind. Im Inselinneren breitet sich ein Sumpfgebiet aus, und man sieht viele Vögel, Kraniche und fliegende Hunde. Schwimmen ist nur bei Flut an bestimmten Stellen möglich, da das Hausriff und die Korallenbänke sehr nahe an der Insel liegen. Schöne Strände findet man an der Nordseite.

Ein sehr gut erhaltenes und abwechslungsreiches Riff, über sechs Eingänge zugänglich, umgibt die Insel vollständig. Dort kann geschnorchelt oder getaucht werden. Die Zweier-Bungalows sind in der dichten Vegetation versteckt. Die Zimmer sind groß, einfach und zweckmäßig eingerichtet, mit Open-Air-Bad, aber sonst ohne besonderen Komfort. Es gibt recht viele Singles, junge Leute und Familien, auch wenn keine besonderen Einrichtungen für Kinder zur Verfügung stehen. Das Preis-Leistungsverhältnis stimmt hier einfach. Fast alle Gäste sind erfahrene Taucher.

Das Restaurant ist ebenfalls schlicht eingerichtet, aber hell und freundlich. Die Küche ist einfach, aber gut.

Neben Tauchen kann man nur Angeln, Fußball, Badminton und Volleyball spielen. Abends trifft man sich an der Bar. Die gut organisierte Ocean-Pro-Tauchschule führt PADI-Kurse durch. 40 Tauchplätze werden mit dem Dhoni angesteuert, darunter die nur 50 m entfernte **Helengeli Thila** (der schönste Tauchplatz im Nord-Malé-Atoll!), einige Wracks (darunter drei Schiffe aus dem 19. und 20. Jh. im nördlich gelegenen Gaafaru-Falhu-Atoll) sowie Manta- und Haifischtauchgründe. Auch Strömungstauchgänge werden durchgeführt. Erfahrene Taucher können zwischen 6 Uhr morgens und 21 Uhr allein am Hausriff tauchen und sich an der Selbstbedienungstankstelle mit Luft versorgen.

Tel. 44 46 15, Fax 44 28 81; www.helengeli-maldives.com, E-Mail: engeli88@dhivehinet.net.mv; Transfer: 12 Min. Wasserflugzeug, 60 Min. Speedboot, 3,5–4 Std. Dhoni, 43 km; 50 Zimmer; mittlere Tauchpreise, mittlere Nebenkosten ★ bis ★★ AmEx MASTER VISA

Kanifinolhu/Club Mediterranée ■ c 4

Das oft liebevoll **Kani** genannte Resort liegt auf einer länglichen Insel mit dichtem Bewuchs. Die Bungalows sind gut in die Vegetation eingebettet, Sandwege führen dazwischen hindurch. Die Gebäude sind ansprechend, alle Doppelbungalows liegen am weißen Sandstrand, der die Insel säumt.

Seit Ende 2000 betreibt der Club Med diese Insel und bietet ein umfassendes, fantasievolles Animationsprogramm, womit er eine gute Mischung internationaler Gäste aller Altersgruppen anzieht.

Die Innenausstattung der Zimmer aller Kategorien ist praktisch – mit Telefon, Safe unf Föhn –, alles ist sauber und ordentlich. Die Anlage ist besonders familienfreundlich. Das Essen im Restaurant ist schmackhaft, die Atmosphäre locker und die Bar belebt. Entspannung bietet auch ein Massagezentrum.

Die Insel ist von einer großen Lagune umgeben, die ideal zum Planschen und für Wassersportarten ist. Angeboten werden Katamaransegeln, Windsurfen, Kanu und Tiefseefischen. Das Hausriff muss hingegen mit einem Boot angefahren werden. Die Tauchschule ist gut ausgerüstet und bietet PADI-Kurse verschiedener Stufen an. Außerhalb des Riffs liegt **Kani Corner**, einer der besten Strömungstauchplätze dieses Atolls. Landsportarten sind Tischtennis und Volleyball. Regelmäßig werden auch Ausflüge nach Malé oder auf nahe gelegene Inseln durchgeführt. Abends steht Disco oder Livemusik auf dem Programm, und Billardfans können eine ruhige Kugel schieben.

Tel. 44 31 52, Fax 44 48 59; www.clubmed.com, E-Mail: reckan@clubmed-kani.com.mv; Transfer: 90 Min. Dhoni, 30 Min. Speedboot, 19 km; 209 Zimmer; günstige Tauchpreise, geringe Nebenkosten ★★ bis ★★★ AmEx MASTER VISA

Kurumba Village ■ b 5

Dieses Resort ist das erste, das auf den Malediven eröffnet wurde: Seit 1972 erfreut es sich großer Beliebtheit. Kurumba liegt unweit des Flughafens und manche Gäste leiden unter Fluglärm. Die Anlage soll im Sommer 2003 renoviert werden. Sie bleibt reich ausgestattet mit Wassersportzentrum, Tauchschule, schönem Strand, zwei Pools, Sportzentrum, Massagen, fünf Restaurants, Coffee Shop, drei Bars, Konferenzräume und Business Center. Die Zimmer sind geräumig und sauber. Die Gartenanlagen präsentieren sich sehr üppig und gepflegt, der Swimmingpool ist eine Augenweide.

Die Architektur und das Flair der Insel ist eher formell und luxuriös. Man schätzt den aufmerksamen Service und die erstklassigen Einrichtungen. Im professionellen Sportzentrum kann man sich fit halten, Tennis spielen und in der Sauna schwitzen. Eine Vielzahl von Ausflügen wird angeboten, und Malé liegt ganz in der Nähe. Im »Harmony Center« kann man verschiedene Massagen sowie Akupunkturbehandlungen genießen; besonders originell ist die maledivische Sandmassage auf dem Strand.

MERIAN-Tipp

Surf-Dorado Lohifushi Am Südende der Insel, am so genannten Surf Point, rollen sich ständig langgezogene Wellen (»left-hander«) zum Korallenstrand hin, auf denen es sich ausgezeichnet Surfen und Bodyboarden lässt. Natürlich ist Vorsicht geboten, denn das Wasser ist nicht sehr tief und voller Korallen. Für Anfänger gibt es auch eine Surfschule unter erfahrener australischer Leitung, in der man sich in die Kunst des Wellenreitens einführen lassen oder seine Kenntnisse vertiefen kann. ■ c 4

Die Strände der Insel sind gut, doch leider gibt es in etwa 20 m Entfernung einen Korallenwall. Die Schwimmmöglichkeiten sind top, und am Hausriff kann man schnorcheln. Eine Eurodivers PADI-Tauchschule bietet Kurse bis zum Divemaster-Niveau an. Viele gute Tauchplätze liegen in der Nähe.

Tel. 44 23 24, Fax 44 38 85; www.unisurf.com, E-Mail: sales@unisurf.com; Transfer: 10 Min. Speedboot, 20 Min. Dhoni, 3 km; 177 Zimmer und Suiten; günstige Tauchpreise, hohe Nebenkosten ★★★

AmEx DINERS MASTER VISA

Lohifushi Island Resort ■ c 4

Die große Insel wurde in ihrem natürlichen Zustand belassen; sie verfügt über ein weitläufiges, parkähnliches Zentrum, wo man unter Kokosnussbäumen spazieren kann. Ein Weg führt um die ganze Insel, die Umrundung dauert 30 bis 40 Minuten. Es gibt zwar nicht rundherum Sandstrand, doch dafür ist die schattige Fläche unter den Bäumen sehr angenehm. Hier hängen überall Schaukeln. Das Hausriff befindet sich 50 bis 150 m vom Strand entfernt. Aufgrund der dichten Vegetation leben hier leider auch einige Moskitos.

Die Empfangshalle des Hotels ist großzügig und recht neu, sie passt allerdings nicht so recht zu den eher landestypischen Bungalows aus Korallen. Alle haben eine kleine Terrasse auf der Meerseite sowie Telefon, Minibar und Open-Air-Bad, die Inneneinrichtung ist ansprechend, einige Zimmer sind nicht klimatisiert.

Um den Empfangsbereich gruppieren sich eine Bar, zwei Restaurants, ein kleiner Swimmingpool, ein Billardtisch sowie Karaoke- und Fernsehraum mit Satellitenprogramm. Das Essen ist abwechslungsreich und gut.

Familien werden auf Lohifushi gern gesehen; es gibt einen Spielplatz und ein abwechslungsreiches Ausflugsprogramm.

Am Abend wird regelmäßig ein Unterhaltungsprogramm angeboten – Disco, Livebands, Crab Race, Karaoke oder Kulturshows. Tagsüber lädt ein Wassersportzentrum zu verschiedenen Aktivitäten ein: Windsurfen, Wellenreiten, Katamaransegeln, Kajak, Wasserski, Banane, Hydrofahrrad. Die Tauchschule fährt etwa 40 Tauchplätze an. Schnuppertauchen ist hier gratis, es gibt Resortkurse und regelmäßig PADI-Kurse bis zum Divemaster-Niveau sowie CMAS- und Barakuda-Kurse. Non-limit-Tauchen ist möglich.

Tel. 44 34 51, Fax 44 19 08; www.lohifushi.com, E-Mail: lohifush@dhivehinet.net.mv; Transfer: 10 Min. Wasserflugzeug, 30 Min. Speedboot, 90 Min. Dhoni, 26 km; 128 Zimmer, 2 Suiten; mittlere Tauchpreise, mittlere Nebenkosten ★★ bis ★★★ AmEx MASTER VISA

Meeru Island Resort ■ c 4

Meerufenfushi ist eine große Insel mit jeder Menge Action, Fun und vielen Gästen. Sie liegt in einer großen Lagune mit wenigen Korallen, also ideal für Wassersport. Ein großer Teil der Insel ist mit natürlichem Bewuchs bedeckt, durch den Wege führen. Der Strand ist gut, das Hausriff gilt als Schnorchel- und Taucherparadies. Die Bars und Restaurants sind in maledivischem Stil errichtet und bieten eine gute internationale Küche für die Gäste aus aller Welt. Ein Wassersportzentrum bietet Windsurfen und Katamaransegeln an; die verschiedenen Ausflüge werden gerne gebucht, und beim täglichen Volleyballspiel lernen sich die Gäste kennen.

Die Strandvillen aus Holz sind architektonisch ansprechend mit Open-Air-Bad, sehr geräumig und hübsch eingerichtet. Die Wasserbungalows sind ebenfalls komfortabel und haben direkten Zugang zum Meer.

Tel. 44 31 57, Fax 44 59 46; www.meeru.com, E-Mail: meeru@dhivehinet.net.mv; Transfer: 60 Min. Speedboot, 2,5 Std. Dhoni, 37 km; 225 Zimmer in Wasser- und Strandbungalows; günstige Tauchpreise, mittlere Nebenkosten ★★ AmEx MASTER VISA

Nakatchafushi ■ a 4

Die längliche Insel (350 x 100 m) beherbergt eine schöne Anlage, die Urlaubern allen Komfort und Service eines modernen Inselhotels bietet. Ein schöner Sandstrand umgibt Nakatchafushi, das Hausriff ist direkt zugänglich. Die Architektur der Rezeption ist originell, alle Bungalows, einige davon zweistöckig, sind mit Palmblättern gedeckt und gut in die Gartenanlagen eingebettet.

Die Zimmer sind hell und freundlich. Neben dem Restaurant und dem Coffee Shop liegt der Pool.

Neben dem Pool findet auch die Abendunterhaltung statt. Ein großer Teil der Feriengäste ist deutschsprachig, viele von ihnen kommen immer wieder hierher zurück. Während des Tages haben Sie eine gute Auswahl an Sportarten, darunter Segeln, Windsurfen und Wasserski. In der Tauchschule wird nach PADI-Richtlinien geschult. Ausflüge werden ebenfalls organisiert – und jeden Abend werden die Stachelrochen gefüttert.

Tel. 44 38 47, Fax 44 26 65; www.unisurf.com, E-Mail: sales@unisurf.com; Transfer: 45 Min. Speedboot, 105 Min. Dhoni, 24 km; 51 Rundbungalows; hohe Tauchpreise, hohe Nebenkosten ★★ AmEx DINERS MASTER VISA

Paradise Island ■ b 5

Paradise Island auf der 700 x 200 m großen Insel **Lankanfinolhu** bietet allen Komfort und die Ausstattung eines Fünf-Sterne-Hotels. Die Insel wurde für das Resort komplett umgebaut, der Strand angepumpt und Erde importiert. Vorteilhaft ist die Nähe zu Malé und zum Flughafen sowie zu den interessanten Tauchplätzen im Nord-Malé-Atoll. Die Insel liegt nahe am Außenriff in einer für Wassersport idealen Lagune und ist von einem breiten Strand umgeben. Gegen Gebühr werden Schnorcheltouren zu schönen Riffs angeboten.

Die Gartenanlagen sind gepflegt, alles ist sauber, der Service ist aufmerksam. Die Strandbungalows sind hell und freundlich eingerichtet und verfügen über ein Open-Air-Bad und eine Terrasse zum Meer hinaus. Zur Ausstattung gehören Telefon, Föhn, Minibar, Safe und Fernseher.

Auf der Westseite ist die Insel zum Teil von einem Hafen umgeben – der Motorenlärm der Yachten und Speedboote kann störend sein. Auf der »Sonnenaufgangsseite« ragen die Wasserbungalows wie kleine Türmchen ins Meer hinaus. Sie sind wie die Strandbungalows ausgestattet und haben eine private Terrasse mit direktem Wasserzugang.

Die Gästemischung des Resorts ist international, die meisten buchen Halb- oder Vollpension. Der Restaurantbereich ist offen und hell, die Küche ist gut und abwechslungsreich. Neben dem Hauptlokal gibt es drei Spezialitätenrestaurants, einen Coffee Shop und vier Bars. Frisör, Fitnessraum, Sauna, Dampfbad, japanisches Shiatsu Massagezentrum, Jacuzzi, Billardraum, Tennisplätze, Squash und Badminton sorgen für Wohlbefinden rundum. Auch das Angebot an Wassersportarten ist groß: Tauchen, Schnorcheln, Windsurfen, Wasserski, Katamaran, Tretboot, Parasailing, Jet Ski, Banana-Ride, Waterscooter, Fischen und Hochseefischen. Auf der Insel ist ein Arzt stationiert.

Die erfahrene Tauchschule Delphis Diving Centers fährt über 30 Tauchplätze in der Umgebung an und bildet nach PADI- und SSI-Richtlinien bis zum Assistant Instructor-Niveau aus. Die Ausstattung der Basis ist modern, alles ist gut sortiert. Nitrox-Tauchen ist möglich.

Tel. 44 00 11, Fax 44 00 22; www.villahotels.com; E-Mail: info@paradise-island.com.mv; Transfer: 20 Min. Speedboot, 45 Min. Dhoni, 12 km; 260 Zimmer, 40 Wasserbungalows; hohe Tauchpreise, hohe Nebenkosten ★★ bis ★★★ AmEx DINERS MASTER VISA

Reethi Rah Resort ▪ a 3

Der Resort liegt auf der langen Insel **Medhufinolhu** (800 x 100 m), die herrliche Strände und eine dichte Vegetation aus Buschwerk zu bieten hat. Reethi Rah ist eine Anlage, in der immer etwas los ist. Die Zimmer in Wasser- und Strandbungalows sind alle geschmackvoll eingerichtet, Letztere haben allerdings keine Klimaanlage. Im Restaurant wird internationale Küche serviert, ein hübscher Coffee Shop reckt sich auf Stelzen übers Meer hinaus.

Das Wassersportangebot umfasst Windsurfen, Katamaransegeln (auch Kurse), Wasserski und Kanu.

Die Eurodivers-Tauchschule unterrichtet nach PADI-Richtlinien. Das Hausriff liegt 250 m vor der Insel und muss mit dem Boot angefahren werden. Rund 20 interessante Tauchgebiete an der Westseite des Nord-Malé-Atolls werden regelmäßig besucht.

Tel. 44 19 05, Fax 44 19 06; E-Mail: rrresort@dhivehinet.net.mv; Transfer: 45 Min. Speedboot, 2 Std. Dhoni, 35 km; 60 Zimmer; mittlere Tauchpreise, mittlere Nebenkosten ★★ AmEx MASTER VISA

Sonevagili ▪ b 5

Auf der kleinen Insel **Lankanfushi** entstand eine Anlage der absoluten Luxusklasse. Rund 240 Angestellte kümmern sich darum, dass es den maximal 80 Gästen an nichts fehlt. Auf absolute Wahrung der Privatsphäre, Erfüllung (fast) aller Wünsche, individuell zugeschnittenen Butlerservice und höchsten Komfort wird hier besonders geachtet. Alle Bungalows wurden auf Stelzen über dem kristallklaren Wasser gebaut, sie sind durch Stege miteinander verbunden, bis auf die Crusoe Residences, die nur per Boot erreicht werden können.

Das Restaurant bietet kulinarische Höhenflüge, die riesige Bar liegt neben einem beeindruckenden Pool, im Spa kann man Körper und Seele verwöhnen lassen – wer das Außergewöhnliche sucht oder fernab aller Blicke die Malediven genießen will, ist hier genau richtig.

Tel. 44 03 04, Fax 23 03 05;
www.sixsenses.com/soneva-gili, E-Mail: sonresa@sonevagili.com.mv; Transfer: 15 Min. Speedboot, 12 km; hohe Tauchpreise, hohe Nebenkosten ★★★★
AmEx DINERS MASTER VISA

Summer Island Village ■ a 3

Die Insel **Ziyaaraifushi** (260 x 40 m) ist einfach und natürlich und verfügt über ein Freizeitangebot mit Volleyball, Tischtennis, Fußball, Windsurfen, Katamaransegeln, Fun Tube, Wasserski und Ausflügen. Der Strand zieht sich nicht um die ganze Insel, zwei Hausriffe sind direkt zugänglich.

Die Gäste sind international, ebenso wie die gute Restaurantküche. Die Zimmer liegen in Einzelbungalows, sie sind schlicht, aber ordentlich, alle haben eine kleine Veranda zum Strand hin und ein Open-Air-Bad.

Die interessanten Tauchgründe in der Umgebung locken viele Taucher hierher. Die Tauchschule bietet PADI- und CMAS-Kurse an und steuert viele lohnende Gebiete an. Non-limit-Tauchen ist möglich.

Tel. 44 30 88, Fax 44 19 10;
www.summerislandvillage.com, E-Mail: siv@dhivehinet.net.mv; Transfer: 60 Min. Speedboot, 1,5 Std. Dhoni, 37 km;
108 Zimmer in Strand- und Wasserbungalows; hohe Tauchpreise, mittlere Nebenkosten (all-inclusive möglich) ★★
AmEx MASTER VISA

Taj Coral Reef ■ a 3

Als die Taj-Gruppe die Insel **Hembadhu** 1997 übernahm, baute sie das Vorgänger-Hotel zu einem luxuriösen, modernen Vier-Sterne-Resort aus. Alles ist stilvoll, sauber und mit viel Geschmack zusammengestellt, gepflegte Gartenanlagen mit bunten Blumen und Grasflächen unter Kokos-

Auf der Sonnenaufgangsseite von Paradise Island ragen zwei Reihen von Wasserbungalows in die Lagune (→ S. 39).

palmen sorgen für exotisches Flair. In der Nähe der Rezeption findet man Bar und Coffee Shop mit Sonnenterrasse, das Restaurant, einen kleinen Swimmingpool (mit Bar, Babybecken und Jacuzzi), Fitnessraum, Massagecenter, Billardzimmer und auch die Tauchschule. Nicht die ganze Insel ist von einem Strand umgeben, aber zum Badestrand ist es von keinem Bungalow aus weit.

Alle Bungalows bieten Blick aufs Wasser; sie liegen in Zweierblöcken. Zwischen den vielen Kokospalmen sind bequeme Hängematten gespannt. Die Wasserbungalows haben darüber hinaus eine private Veranda zum ungestörten Sonnen und eine Treppe, die ins Wasser führt.

Der Innenraum des klimatisierten Restaurants ähnelt einem Schiff, durch große Panoramafenster fällt Licht hinein.

Im Massagezentrum behandeln erfahrene Masseure und Masseurinnen aus Indien nach ayurvedischer oder schwedischer Methode – anschließend entspannt man sich im Dampfbad.

Das Sportangebot umfasst Wasserski, Kanu, Windsurfen, Tiefseefischen, Katamaran, Banana-Ride, Funtube und Tretboot. Das Hausriff ist 35 bis 40 m entfernt und prima zum Schnorcheln – hier liegt sogar ein Wrack. Auf Strömungen ist allerdings zu achten. Das freundliche Personal des Blue in Dive & Water Sport Centers bietet PADI-Tauchkurse bis zum Dive Master sowie Spezialkurse an.

Tel. 44 19 48, Fax 44 38 84; www.tajhotels.com, E-Mail: tajcr@dhivehinet.net.mv; Transfer: 55 Min. Speedboot, 32 km; 30 Strand- und 35 Wasserbungalows; mittlere/hohe Tauchpreise, hohe Nebenkosten

★★★ AmEx MASTER VISA

Thulhagiri

■ b 5

Thulhagiri ist eine kleine (200 x 300 m), recht eng bebaute Insel mit hübschen Strand- und Wasserbungalows. Sie sind alle mit Holz- und Bambusmöbeln eingerichtet, wobei die Wasserbungalows besonders ästhetisch gestaltet und mit riesigen Panoramafenstern ausgestattet wurden. Von der Terrasse aus gelangt man direkt ins Wasser, und im Boden bietet ein Glasfenster freien Blick in die Unterwasserwelt. Alle Gäste der Insel haben Vollpension, und das Essen wird vielfach gelobt. Die Besucher sind international, darunter auch einige Familien.

Sandwege führen unter Palmen über die Insel. Im Astwerk schwirren Wellensittiche in großer Zahl umher. Um Erosion vorzubeugen, wurde an vielen Uferstellen eine Korallenmauer erbaut, von der aus man über Leitern ins Wasser steigen kann. Nur im Westen lockt purer Sandstrand, hier oder am kleinen Pool versammeln sich dann auch die meisten Sonnenanbeter. In der Lagune lässt sich herrlich schwimmen, das Hausriff befindet sich in etwa 50 m Entfernung, wurde jedoch von der Korallenbleiche stark mitgenommen. Die Tauchschule bietet für Anfänger bis Fortgeschrittene PADI-Kurse an, ansonsten kann man Windsurfen, Katamaransegeln, Kanufahren oder sich auf der Banana, dem Wake Board oder Wasserski übers Wasser ziehen lassen. Viele Besucher schätzen die Nähe zu Male und zum Flughafen; obwohl man die Flugzeuge starten und landen sehen kann, kommen Beschwerden über Fluglärm kaum vor.

Tel. 44 59 30, Fax 44 59 39; E-Mail: reserve@thulhaagiri.com.mv; Transfer: 25 Min. Speedboot, 60 Min. Dhoni, 13 km; 58 Zimme in Wasser- und Strandbungalows; mittlere Tauchpreise, mittlere Nebenkosten (nur Vollpension)

★★ bis ★★★ AmEx MASTER VISA

Eine bunte Vielfalt an Anlagen auf wunderschönen Inseln mit herrlichen Tauchgründen und kristallklaren Lagunen – das sind die Resortinseln im Süd-Malé-Atoll.

SÜD-MALÉ-ATOLL

■ E 10–11, S. 117

Karte → S. 45

Zwischen dem Nord- und dem Süd-Malé-Atoll, die verwaltungstechnisch eine Einheit (Kaafu) bilden, liegt der 4,5 km breite und bis zu 1883 m tiefe **Vaadhu-Kanal,** der mit dem Boot in kurzer Zeit durchquert wird und der für seine fantastischen Tauchgebiete bekannt ist.

Nur die drei Inseln **Gulhi, Guraidhoo** sowie die Hauptinsel **Maafushi** sind im Süd-Malé-Atoll besiedelt. 16 Resorts verteilen sich in diesem 35 mal 20 km großen Atoll. Davon liegen fünf in der Nähe des Flughafens. Die entfernteren Hotels im Süden werden mit dem Schnellboot angefahren, der Transfer dauert weniger als zwei Stunden. Im Westen sind vier Hotelinseln mit Holzbrücken verbunden, am östlichen Außenriff ziehen viele Großfische vorbei.

Da die Inseln **Club Rannalhi, Boduhiti, Olhuveli, Rihiveli** und **Vaadhu Diving** nur selten von deutschsprachigen Gästen besucht werden, wird hier auf eine detaillierte Beschreibung verzichtet.

Das Süd-Malé-Atoll wurde als zweite Inselgruppe vom Tourismus entdeckt: hier der Strand des Embudhu Village (→ S. 46).

Biyadhoo Island Resort

b 3

Das etwas renovierungsbedürftige Resort liegt auf einer fast runden Insel, deren Durchmesser etwa 400 m beträgt.

Biyadoo ist dicht bewachsen und rundum von einem nur 20 m entfernten Hausriff umgeben, das direkt zugänglich ist. Befestigte Wege führen über die Insel. Die Zimmer liegen zum größten Teil in doppelstöckigen Reihenbungalows mit Terrasse. Das Essen im klimatisierten Hauptrestaurant ist vielseitig, oft mit leicht indischem Einschlag. Abends gibt es ein Menü, anschließend kann man sich in die Bar setzen oder an der gelegentlichen Abendunterhaltung durch eine Band erfreuen. Manchmal wird sogar ein Folkloreabend veranstaltet.

Zum Freizeitprogramm gehören Tischtennis, Fußball, Volleyball, Katamaransegeln, Windsurfen und Wasserski. Eine ansehnliche Bandbreite an Ausflügen wird ebenfalls angeboten.

Die Diving-World-Tauchschule schult nach PADI- und SSI-Richtlinien bis zum Instructor-Niveau, rund 25 Tauchplätze liegen eine kurze Bootsfahrt entfernt. Durch die Nähe der Nachbarresorts **Villivaru** stehen zwei Hausriffe für Tauchexpeditionen zur Verfügung, auch Schnorchler sind hier begeistert.

Tel. 44 71 71, Fax 44 72 72; www.biyadoo.com.mv, E-Mail: resvn@biyadoo.com.mv; Transfer: 1 Std. Speedboot, 2,5 Std. Dhoni, 30 km; 96 Zimmer; hohe Tauchpreise, mittlere Nebenkosten ★★ AmEx MASTER VISA

Bolifushi Island Resort

b 1

Der Name der 200 m langen und nur 70 m breiten Insel bedeutet auf Deutsch »Muschelsandbank«. **Bolifushi** ist eine kleine, gepflegte Anlage mit schönem Sandstrand, der allerdings von mehreren Korallenwällen unterbrochen wird. Im Restaurant werden leckere Speisen serviert, die sich vor allem nach dem Geschmack der vielen italienischen Gäste richten.

Die Zimmer liegen in doppelstöckigen Reihenbungalows und sind schlicht, aber praktisch ausgestattet.

Das Sportangebot reicht vom Windsurfen über Segeln, Fußball, Volleyball und Tischtennis bis zum beliebten Tauchen. Das nur 20 m entfernte Hausriff ist Tag und Nacht betauchbar. Die örtliche Tauchschule MalDivers ist gut ausgerüstet und schult nach PADI-Richtlinien.

Tel. 44 35 17, Fax 44 59 24; E-Mail: gateway@dhivehinet.net.mv; Transfer: 30 Min. Speedboot, 1,5 Std. Dhoni, 17 km; 40 Zimmer in Reihen- und Einzelbungalows, 15 Wasserbungalows; günstige Tauchpreise, mittlere Nebenkosten ★★ AmEx MASTER VISA

Cocoa Beach & Spa

b 3

Ehemals gehörte Cocoa auf der Insel **Makunufushi** zu den kleinsten Anlagen der Malediven. Im Dezember 2002 eröffnete hier jedoch eine neue Fünf-Sterne-Anlage mit 37 luxuriös ausgestatteten Zimmern und Suiten, die allesamt in Form schwimmender Dhonis auf dem Wasser errichtet wurden. Auf dem Land befinden sich zwei Restaurants, eine Bar und das Hauptgebäude. Ein Wellness-Zentrum bietet Massagen, Ayurveda-Behandlungen, Yoga und Body Building-Geräte an. Außerdem kann man Wasserski fahren, Katamaran segeln, windsurfen, oder einen Tauchkurs nach PADI-Richtlinien absolvieren. Ausflüge werden regelmäßig organisiert.

Tel. 44 18 18, Fax 44 19 19; www.cocoa-island.com, E-Mail: sales@cocoa-island.com; 30 km, Speedboot 30 Min.; hohe Nebenkosten, hohe Tauchpreise ★★★★ AmEx MASTER VISA

Dhigufinolhu Island Resort ■ c 3

Die lang gestreckte Insel (555 x 60 m) verfügt rundum über einen durch einige Korallenwälle unterbrochenen Sandstrand. Es gibt keinen Zugang zum Hausriff. Hierher kommen viele Familien und Windsurfer. Die Insel ist über Stege mit **Bodu Huraa** und **Veligandu Huraa** (→ S. 49) verbunden, alle teilen sich die auf der Versorgungsinsel **Bushy** liegende Tauchbasis. Die Einrichtungen der anderen Resorts können mitbenutzt werden.

Die identischen Bungalows sind einfach und praktisch eingerichtet –

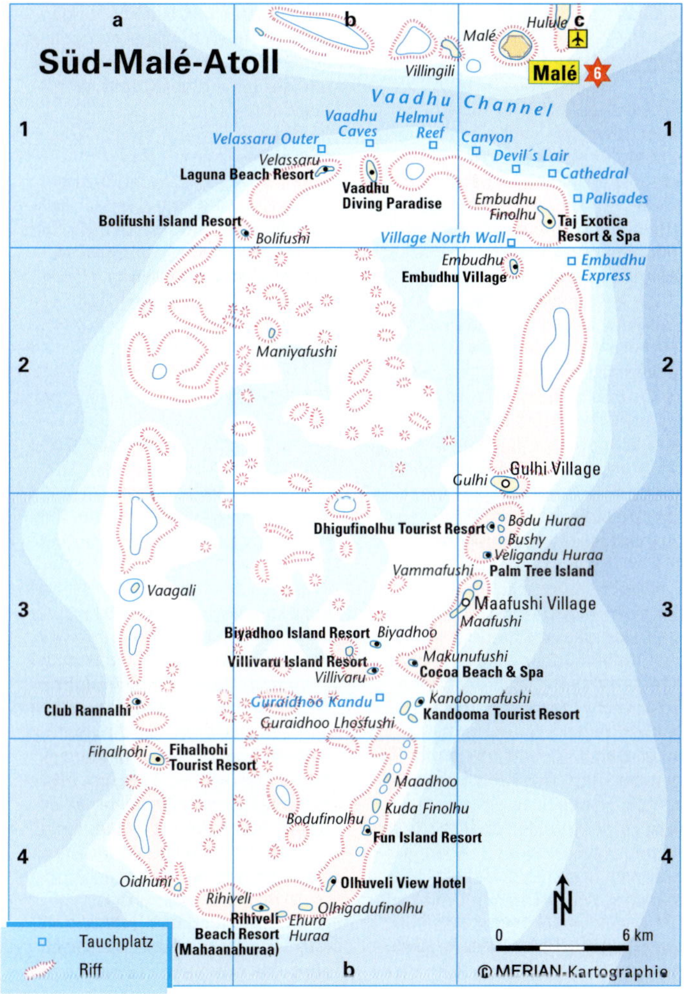

mit Minibar, Telefon und Terrasse. Im Restaurant gibt es abwechselnd Tischservice oder Buffet, die Küche ist international.
Tel. 44 35 99, Fax 44 38 86; www.dhigufinolhu.com, E-Mail: dhigu@dhigufinolhu.com; Transfer: 45 Min. Speedboot, 1,5 Std. Dhoni, 25 km; 97 Zimmer in Doppelbungalows; mittlere Tauchpreise, mittlere Nebenkosten ★★ AmEx MASTER VISA

Embudhu Village ■ c 2

Die Insel ist länglich geformt und dicht bewachsen mit einheimischen und blühenden tropischen Gewächsen. Sie besitzt einen herrlichen weißen Strand, der direkt vor der großen Lagune in zwei Sandzungen mündet. Man kann sie in nur etwa 15 Minuten zu Fuß umrunden.

Die gesamte Anlage ist gepflegt und grün, es gibt gute Bademöglichkeiten an verschiedenen Stellen des Strandes. Das Hausriff, das bis auf 30 m abfällt, kommt bis auf 15 m an die Insel heran und eignet sich gut zum Schnorcheln und Tauchen. Die Hauptgebäude und das Restaurant sind sehr ansprechend gestaltet, überall ist Sandboden. Das Speisenangebot ist abwechslungsreich und zufriedenstellend, der Service gut.

Es gibt mehrere Kategorien von Zimmern, wobei nicht alle klimatisiert sind. Die Ausstattung ist überall zweckmäßig, aber geschmackvoll, alle Unterkünfte befinden sich in Strandnähe. 16 schöne Wasserbungalows liegen auf der Nordseite der Insel. Durch die Glasscheibe im Boden der Häuschen kann man jederzeit die Fische beobachten; allerdings gibt es keinen direkten Zugang vom Balkon ins Wasser. Abends trifft man sich in der Strandbar, wo an manchen Abenden auch Disco- oder Livemusik gespielt wird. Das Sportangebot schließt Volleyball, Badminton und Tischtennis ein. Verschiedene Ausflüge werden angeboten, Malé liegt nicht weit entfernt.

Die Lage in der Nähe des **Vaadhu-Kanals** macht die Insel zu einem Paradies für Taucher, die hier von der freundlichen und gut ausgerüsteten Tauchschule Diverland Embudhu betreut werden. Es gibt eine breite Palette an PADI-Kursen bis zum Divemaster-Niveau sowie Non-limit-Tauchpakete und Nitrox-Tauchen. Über 30 Tauchplätze, darunter auch der berühmte Haiplatz **Lion's Head** und der **Embudhu Express**, werden angefahren.
Tel. 44 47 76, Fax 44 26 73; www.embudhu.com, E-Mail: embvil@dhivehinet.net.mv; Transfer: 45 Min. Schnell-Dhoni, 12 km; 102 Reihen-Strandbungalows, 16 Wasserbungalows; mittlere Tauchpreise, mittlere Nebenkosten (all-inclusive möglich)
★★ bis ★★★ AmEx MASTER VISA

Fihalhohi Tourist Resort ■ a 4

Die 400 x 200 m große Insel **Fihalhohi** liegt im Südwesten des Süd-Malé-Atolls am Außenriff. Viele Kokospalmen spenden Schatten über den Bungalows, die alle in Strandnähe liegen und Meerblick haben. Zwischen den Palmen wandelt man auf dem sandigen Inselboden, man kann sich auch in einer der vielen Hängematten entspannen. Management und Personal sind freundlich, die ganze Inselatmosphäre ist locker und unkompliziert. Auf Fihalhohi gibt es nicht überall Badestrände; die kleine Lagune im Südwesten eignet sich aber gut zum Schwimmen und ist ideal für Schnuppertauchkurse oder als Ausgangspunkt für Schnorchelexpeditionen zum etwa 20 m entfernt gelegenen Hausriff.

Die Gäste kommen größtenteils aus Deutschland und Großbritannien. Viele Familien verbringen hier die schönsten Wochen des Jahres, da die Preise erschwinglich und das Sport- und Unterhaltungsangebot gut sind. Die flache Lagune, der Spielplatz und die schattigen Sandflächen sind ideal für Kinder. Im Restaurant gibt es eine reiche Auswahl internationaler Speisen in Buffetform.

Das Sportangebot reicht vom Windsurfen, Katamaran- und Dhonisegeln (auch Kurse) und Wasserski über Banana-Ride, Ski-Bob, Kanu- und Kajakfahren bis zu Billard, Tischtennis, Badminton, Volleyball und Fußball. Viele Ausflüge unter anderem mit dem Glasbodenboot und zum Delfinbeobachten.

Das deutschsprachige Tauchzentrum Ocean Venture Diving ist professionell ausgestattet und bietet PADI- und SSI-Kurse aller Stufen bis zum SSI-Instructor und PADI-Divemaster-Niveau sowie Nitroxkurse an. Nonlimit-Tauchen ist möglich. Insgesamt stehen mehr als 50 Tauchplätze in unterschiedlichen Schwierigkeitsgraden zur Verfügung. Steilwände, Wracks, Kanäle und die verschiedenen Innenriffe bieten viele Möglichkeiten, Neues zu entdecken.
Tel. 44 29 03, Fax 44 38 03; www.fihalhohi.com, E-Mail: fiha@dhivehinet.net.mv; Transfer: 90 Min. Speedboot, 3 Std. Dhoni, 28 km; 128 Zimmer; mittlere Tauchpreise, mittlere Nebenkosten ★★ AmEx DINERS MASTER VISA

Fun Island Resort ■ b 4

Die Anlage liegt auf dem lang gestreckten Eiland **Bodufinolhu** (570 x 80 m) am Außenriff, das Hausriff liegt 100 m entfernt. Ein schöner Sandstrand zieht sich um die ganze Insel, die Bungalows liegen nur wenige Meter davon entfernt. Sie sind hell und freundlich und mit Minibar, Telefon und Terrasse ausgestattet. Die Küche serviert schmackhafte Speisen.

Angeboten werden Katamaransegeln, Windsurfen, Wasserski und Banana-Ride. Die Tauchbasis Delphis Diving Center gibt PADI-, BSAC- und SSI-Kurse, es werden über 20 verschiedene Dive-Spots angefahren.
Tel. 44 45 58, Fax 44 35 98; www.villahotels.com, E-Mail: info@fun-island.com.mv; Transfer: 60 Min. Speedboot, 3 Std. Dhoni, 39 km; 100 Zimmer in Doppel- und Reihenbungalows; hohe Tauchpreise, mittlere Nebenkosten ★★ AmEx DINERS MASTER VISA

Komfortabel sind die Bungalows der kleinen Anlage Palm Tree Island auf der verträumten Insel Veligandu Huraa (→ S. 49).

Kandooma Tourist Resort ■ b 3

Das halbmondförmige Eiland, dessen Name mit »Mangroveninsel« übersetzt werden kann, liegt am Außenriff und hat eine lange Sandbank und einen schönen Badestrand mit Lagune zum Schwimmen, der sich nahe dem Restaurant befindet. **Kandooma** ist 400 x 300 m groß, besitzt eine herrliche tropische Vegetation und hat kein direkt zugängliches Hausriff. Regelmäßig fahren jedoch Boote ans nächste Riff, wo Schnorcheln möglich ist. Die Zimmer des Resorts liegen in Fünfer- oder Sechserblöcken zusammen; sie sind funktionell und schlicht, dafür aber auch recht günstig. Nicht alle sind klimatisiert, diejenigen am Außenriff sind zu bevorzugen. Viele junge Leute und Familien kommen hierher, der Pool ist beliebt. Abends gibt es gelegentlich ein Unterhaltungsprogramm, Ausflüge werden ebenfalls regelmäßig organisiert. Die Küche ist recht einfach, es gibt selten eine Auswahl vom Buffet, meistens ein Menü.

Die Aquanaut-Tauchschule schult nach PADI- und CMAS-Richtlinien. Sie ist effizient und gut ausgestattet und steuert eine große Zahl unterschiedlicher Tauchplätze an. Viele Gäste sind passionierte Taucher, und mehrere Boote fahren jeweils zu den herrlichen Revieren in der Nähe.

Tel. 44 44 52, Fax 44 59 48; www.kandooma.com, E-Mail: info@kandooma.com; Transfer: 40 Min. Speedboot, 2,5 Std. Dhoni, 34 km; 120 Zimmer in Reihen- und Einzelbungalows; mittlere Tauchpreise, mittlere Nebenkosten ★ bis ★★ AmEx MASTER VISA

! MERIAN-Tipp

Segeltörn im Süd-Malé-Atoll Mit dem flotten Katamaransegler durch das türkisfarbene, kristallklare Wasser zu gleiten und die Inseln aus der Entfernung zu sehen – das ist ein unvergessliches Malediven-Erlebnis. Die Lagunen der Hotelinseln im Süd-Malé-Atoll sind besonders groß und reizvoll. Wenn Sie nicht segeln können, bringt es Ihnen ein Segellehrer in wenigen Unterrichtsstunden bei; die Windverhältnisse sind auch für Anfänger gut zu bewältigen. Dhonisegeln bei Sonnenuntergang ist eine Alternative für Romantiker.

Laguna Beach Resort (Velassaru) ■ b 1

Seit 1989 gibt es die hübsche Anlage auf dieser länglichen (350 x 150 m), von einem feinen Sandstrand umgebenen Insel. Das Hotel ist komfortabel mit gutem Standard. Die Rezeption, das Hauptrestaurant, Bar und Coffee Shop liegen neben dem kleinen, nett angelegten Swimmingpool mit Poolbar. Eine Sonnenterrasse überblickt das Meer und ist ideal zum Beobachten des Sonnenuntergangs. Die große kristallklare Lagune eignet sich gut zum Windsurfen und für andere Sportarten, das Hausriff ist direkt zugänglich.

Das Hauptrestaurant ist sehr ansprechend im Ambiente und serviert gute internationale Küche; es gibt auch ein italienisches, ein chinesisches und ein Grill-Restaurant. Das Publikum stellt eine gute Mischung verschiedener Altersgruppen und Nationalitäten dar, Familien fühlen sich hier wohl.

Die teilweise zweistöckigen Strandbungalows verteilen sich in schönen Gärten unweit vom Wasser. 15 neue, geräumige Wasserbungalows mit einer privaten Terrasse und direktem Wasserzugang liegen in der klaren Lagune. In allen Zimmern gibt es Telefon, Minibar, Safe, Kaffee- und Teemaschine sowie Föhn, in den Wasserbungalows zusätzlich auch einen Fernseher.

In einem Fitnessraum kann man sich Pfunde abtrainieren, ansonsten ist vor allem das Wassersportangebot groß (Windsurfen, Segeln, Fischen). Durch die Nähe zum berühmten **Vaadhu-Kanal** steht das Tauchen auf Laguna Beach ganz oben auf dem Sportprogramm. Es gibt auch einen Tennisplatz. Ausflüge nach Malé, zum Fischen und auf andere umliegende Inseln gehören zum festen Programm.

Tel. 44 59 06, Fax 44 30 41; www.unisurf.com, E-Mail: sales@unisurf.com; Transfer: 20 Min. Speedboot, 55 Min. Dhoni, 12 km; 17 Wasser- und 115 Strandbungalows; mittlere Tauchpreise, mittlere Nebenkosten ★★
AmEx DINERS MASTER VISA

Palm Tree Island ■ c 3

Die Insel **Veligandu Huraa** hat einen Durchmesser von 160 m, ist klein und verträumt – ideal für ruhesuchende Urlauber. In der Inselmitte erheben sich viele Kokospalmen, zwischen den Gebäuden wachsen einheimische Büsche. Wege führen zwischen angelegten Beeten durch die kleine Anlage. Palm Tree Island ist mit drei anderen Inseln, darunter zwei Resorts, **Dhigufinolhu** und **Bodu Huraa**, durch einen Holzsteg verbunden. Die Freizeiteinrichtungen der Nachbarinsel **Dhigufinolhu**, auf der es etwas lebhafter zugeht, können mitbenutzt werden.

Die Zimmer, Restaurant und Bar wurden modernisiert und umgebaut. Im Restaurant wird eine reichhaltige Auswahl an internationalen Gerichten geboten, die oft draußen unter Palmen serviert werden.

Die Zimmer sind gemütlich eingerichtet und mit Telefon und Kühlschrank ausgestattet; alle haben eine Terrasse zur Meerseite.

Die Tauchbasis Scuba Sub (PADI) liegt auf der Versorgungsinsel **Bushy**. 25 Tauchplätze liegen in der Nähe und werden regelmäßig angefahren. Das Hausriff ist nicht direkt zugänglich, es liegt etwa 400 m von der Tauchbasis entfernt. Ein Wrack befindet sich ganz in der Nähe, Schnorcheln kann man von einer Plattform aus, zu der regelmäßig Boote fahren.

Tel. 44 38 82, Fax 45 00 09; www.veliganduhuraa.com, E-Mail: veli@veliganduhuraa.com; Transfer: 40 Min. Speedboot, 1,5 Std. Dhoni, 24 km; 16 Zimmer; mittlere Tauchpreise, hohe Nebenkosten ★★ AmEx MASTER VISA

Über lange Holzstege sind die Inseln Dhigufinolhu (→ S. 45) und Veligandu Huraa miteinander verbunden.

Taj Exotica Resort & Spa

■ c 1

Im Juli 2002 baute die indische Luxushotelkette Taj die Anlage auf der Insel **Embudhu Finolhu** komplett um. Es entstanden herrliche Strandbungalows mit zum Teil eigenem Pool sowie 56 palmengedeckte Doppel-Wasserbungalows und eine Suite. Die Inneneinrichtung der Bungalows ist luxuriös und bietet allen Komfort. Zwei Restaurants warten mit internationaler Küche der Spitzenklasse auf, die Bar verfügt über einen großzügigen Weinkeller mit großer Auswahl. Direkt daneben befindet sich auch der Swimmingpool, und wer dort nicht genug relaxen kann, wird bei einer Anwendung im offenen Spa sicher den letzten Stress vergessen. Hier werden Massagen, Schönheitsbehandlungen, Aromatherapie, Yoga, Maniküre und Pediküre angeboten. Zur Anlage gehören auch ein Fitnesszentrum und eine Internet Lounge.

Die Insel ist sehr schmal und lang gestreckt (30 x 777 m) und liegt am östlichen Außenriff in einer der größten Lagunen der Malediven. Hier wachsen nur wenige Kokospalmen, dafür aber viele Dhigga-Büsche, in deren Schatten man auf Wegen spazieren kann. An verschiedenen Stellen wurden Hängematten aufgespannt. Die Schwimm- und Wassersportmöglichkeiten sind ausgezeichnet. An der Westseite zieht sich ein langer, pulvriger Sandstrand entlang, auf der Ostseite gruppieren sich die Wasserbungalows, die alle eine eigene Sonnenterrasse mit direktem Zugang ins Meer haben.

Ausflüge werden regelmäßig organisiert. Die Tauchgebiete am nahe gelegenen **Vaadhu-Kanal** und am Außenriff sind hervorragend. Die Tauch- und Wassersportschule Delphis Dive and Water Sport Center führt Fahrten zu den besten Tauch- und Schnorchelplätzen durch. Kurse (PADI und SSI) aller Stufen werden angeboten, ebenso Wasserski, Parasailing, Banana-Ride, Fun Tube, Water Scooter, Windsurfen, Katamaransegeln, Kanu und Schnorcheln.

Tel. 44 22 00, Fax 44 22 11; www.tajhotels.com/maldives; E-Mail: roomrsvn@tajexotica.com.mv; Transfer: 15 Min. Speedboot, 45 Min. Dhoni, 8,5 km; 8 Strand- und 32 Wasserbungalows; hohe Tauchpreise, hohe Nebenkosten
★★★★ AmEx MASTER VISA

Villivaru Island Resort

■ b 3

Die kleine Insel ist oval (190 x 170 m), dicht bewachsen und von einem weichen, feinsandigen und schönen Strand umgeben. Über dem buschigen Unterwuchs wiegen sich Kokosnusspalmen im Wind und spenden Schatten. Die kristallklare Lagune lädt zum Schwimmen ein.

Die Zimmer liegen in Reihenbungalows hinter dem Strand unter Palmen und haben alle eine Minibar, Telefon und Terrasse. Alle Gäste haben Vollpension, die Küche ist international.

Das Freizeitangebot wird gemeinsam mit Biyadhoo (→ S. 44) organisiert, wo sich auch das Wassersportzentrum befindet. Ausflüge und Abendunterhaltung werden wöchentlich angeboten.

Tauchen ist eine der Hauptaktivitäten der Gäste – schließlich liegen einige Top-Tauchgründe nur wenige Minuten mit der Dhoni entfernt, doch auch das Hausriff bezaubert mit seinem Fischreichtum. Die Diving World Tauchschule bietet PADI-Kurse an.

Tel. 44 70 70, Fax 44 72 72; E-Mail: resvn@biyadoo.com.mv; Transfer: 1 Std. Speedboot, 2 Std. Dhoni, 32 km; 60 Zimmer; hohe Tauchpreise, mittlere Nebenkosten ★★ AmEx MASTER VISA

Wunderschöne Tauchgebiete

verteilen sich um die palmengesäumten Trauminseln des Ari- und des Rasdu-Atolls, die eine Vielzahl von Resorts aller Kategorien beherbergen.

Beim Transport zur Urlaubsinsel, der mit dem Wasserflugzeug durchgeführt wird, bekommen Sie einen guten Eindruck von den Inseln des Ari- und des Rasdu-Atolls. Es gibt hier ein ausgewogenes Verhältnis von unbewohnten, Einheimischen- und Resortinseln. Man fühlt sich angenehm allein und ist es doch nicht, zur Abwechslung gibt es interessante Ziele in der Nähe: ruhige Einheimischeninseln, andere Hotelinseln und unberührte Sandbänke, auf denen man den Tag völlig ungestört verbringen kann. Beliebt ist der Ausflug zu einer unbewohnten Insel, auf der Sie morgens mit einem gut gefüllten Picknickkorb abgesetzt und nachmittags wieder abgeholt werden. Aber auch bekannte Tauchgründe wie **Fish Head** (Mushimas Migili Thila), **Maya Thila** und **Ululas Beiru Thila** (Manta Point) ziehen regelmäßig viele Besucher an. Im Rasdu-Atoll liegt **Kuramathi**, die einzige Insel der Malediven, auf der sich drei verschiedene Resorts befinden.

Die Inseln Madoogali, Kudarah, Moofushi, Tundufushi, Twin Island und Villingilivaru, die fast ausschließlich über italienische Veranstalter gebucht werden können, werden nicht beschrieben.

Sun Island im Ari-Atoll beherbergt die größte Hotelanlage der Malediven (→ S. 62).

ARI-ATOLL (ALIFU)

BC 9–12, S. 116

Angaga Island Resort

b 5

Die etwa 130 x 350 m große Insel ist sehr beliebt bei deutschsprachigen Gästen. **Angaga** liegt in einer Lagune, hat aber auch ein Hausriff, an welchem man gut schnorcheln und tauchen kann und einen fantastischen Artenreichtum an Fischen findet. Ein blendend weißer Sandstrand umgibt die ganze Insel.

Die Unterkünfte sind in ihrer Optik und Ausstattung identisch, neu renoviert und mit schönen Bambusmöbeln, Kühlschrank, Open-Air-Bad und einer kleinen Terrasse zur Meerseite versehen, auf der eine typisch maledivische Schaukel hängt. Alle Gäste haben Vollpension und genießen die internationale Küche. Abends wird gelegentlich Unterhaltung angeboten, meistens ist es aber eher ruhig, man trifft sich an der Bar. Ausflüge und Angeltouren werden regelmäßig durchgeführt, das Sportpaket bietet Abwechslung mit Windsurfen, Hobie-Cat-Segeln, Banana Boat, Wasserski sowie Tischtennis, Volleyball, Tennis und Badminton.

Die SubAqua-Tauchschule unter deutschsprachiger Leitung führt PADI-, CMAS- und NAUI-Kurse durch. Herrliche Tauchgründe wie **Angaga Thila** oder der **Mantapoint Madivaru Faru** (Jan.–April) liegen in der Nähe, weitere interessante Plätze werden mit dem Boot angesteuert.

Tel. 45 05 10, Fax 45 05 20; E-Mail: angaga@dhivehinet.net.mv; Transfer: 30 Min. Wasserflugzeug, 2,5 Std. Speedboot, 85 km; 50 Zimmer in Einzelbungalows; mittlere Tauchpreise, mittlere Nebenkosten (all-inclusive möglich)

★★ AmEx MASTER VISA

Athuruga Island Resort (Maldiviana Sea Club)

b 3

Die in der Mitte des Ari-Atolls gelegene, halbmondförmige Insel (250 x 100 m) hat einen feinen Sandstrand, der nur gelegentlich durch Korallenwälle unterbrochen wird. Sie ist dicht bewachsen mit Kokospalmen und Mangrovenbüschen und kann in nur zehn Minuten zu Fuß umrundet werden. Auf der einen Inselseite liegt in etwa 20 m Entfernung ein Hausriff, die Lagune auf der anderen Seite eignet sich gut für Wassersportarten.

Die gesamte Anlage ist sehr stilvoll; die Gäste kommen aus Italien, aus dem deutschsprachigen und britischen Raum. Die Küche hat einen italienischen Einschlag, wird insgesamt hoch gelobt. Die Bungalows sind alle geräumig und haben eine Terrasse, Minibar, Musikanlage und Telefon.

Das Freizeitangebot mit Windsurfen, Wasserski, Katamaransegeln, Angeltouren, Schnorchelausfahrten, Tiefseefischen und Ausflügen auf benachbarte Inseln kann sich sehen lassen. Nur die Motorsportarten und Tauchen müssen extra bezahlt werden, mehrere Ausflüge sowie die Leihgebühr für eine Schnorchelausrüstung sind schon in der Pauschale enthalten. Abends gibt es ein Unterhaltungsprogramm (oft auf Italienisch) und wöchentlicher Disco. Die Tauchschule bietet PADI- und SSI-Kurse an und fährt zu vielen interessanten Tauchplätzen. Ein Arzt befindet sich auf der Insel.

Tel. 45 05 08, Fax 45 05 74; www.planhotel.ch, E-Mail: athadmin@dhivehinet.net.mv; Transfer: 30 Min. Wasserflugzeug, 3 Std. Speedboot, 95 km; 46 Zimmer in Einzel- und Doppel-Strandbungalows; mittlere Tauchpreise, geringe Nebenkosten (all-inclusive)

★★ AmEx DINERS MASTER VISA

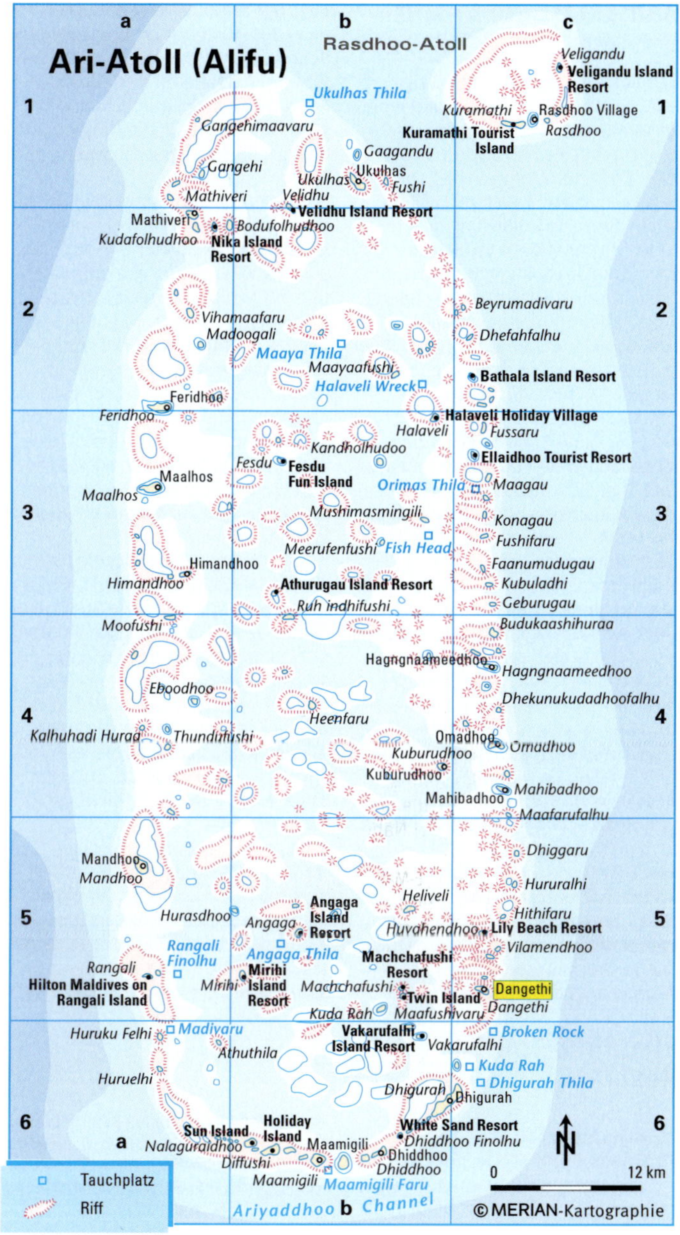
Ari-Atoll (Alifu)
Rasdhoo-Atoll
Veligandu
Veligandu Island Resort
Kuramathi
Rasdhoo Village
Rasdhoo
Kuramathi Tourist Island
Ukulhas Thila
Gangehimaavaru
Gaagandu
Gangehi
Ukulhas
Fushi
Mathiveri
Velidhu
Velidhu Island Resort
Bodufolhudhoo
Kudafolhudhoo
Nika Island Resort
Beyrumadivaru
Vihamaafaru
Madoogali
Dhefahfalhu
Maaya Thila
Maayaafushi
Halaveli Wreck
Bathala Island Resort
Feridhoo
Halaveli Holiday Village
Halaveli
Fussaru
Kandholhudoo
Fesdu
Fesdu Fun Island
Ellaidhoo Tourist Resort
Maalhos
Orimas Thila
Maagau
Mushimasmingili
Konagau
Fushifaru
Meerufenfushi
Fish Head
Himandhoo
Faanumudugau
Athurugau Island Resort
Kubuladhi
Ruh indhifushi
Geburugau
Moofushi
Budukaashihuraa
Hagngnaameedhoo
Eboodhoo
Dhekunukudadhoofalhu
Heenfaru
Kalhuhadi Hurad
Thundufushi
Omadhoo
Kuburudhoo
Mahibadhoo
Maafarufalhu
Dhiggaru
Mandhoo
Hururalhi
Heliveli
Hithifaru
Hurasdhoo
Angaga Island Resort
Angaga
Huvahendhoo
Lily Beach Resort
Rangali Finolhu
Angaga Thila
Vilamendhoo
Machchafushi Resort
Rangali
Hilton Maldives on Rangali Island
Mirihi Island Resort
Mirihi
Machchafushi
Twin Island
Dangethi
Kuda Rah
Maafushivaru
Huruku Felhi
Madivaru
Vakarufalhi Island Resort
Broken Rock
Athuthila
Vakarufalhi
Kuda Rah
Dhigurah Thila
Huruelhi
Dhigurah
White Sand Resort
Sun Island
Holiday Island
Dhiddhoo Finolhu
Nalaguraidhoo
Maamigili
Dhiddhoo
Diffushi
Maamigili Faru
Ariyaddhoo Channel
a
b
c
1
2
3
4
5
6
0
12 km
N
Tauchplatz
Riff
© MERIAN-Kartographie

Bathala Island Resort

■ c 2

Bathala ist eine kleine, attraktive Insel (250 x 100 m) im Nordosten des Ari-Atolls, auf die viele Stammgäste hauptsächlich zum Tauchen kommen. Das Freizeitangebot ist eher begrenzt, neben Tauchen, Fußball, Badminton und Volleyball kann man an einigen Ausflügen teilnehmen. Ein Animationsteam kümmert sich um die vielzähligen italienischen Gäste.

Es gibt drei Unterkunftskategorien, wobei die Standardzimmer nicht klimatisiert sind und nur kaltes Wasser aus der halb offenen Dusche kommt. Ansonsten ist die Einrichtung der runden, einzeln platzierten Strandbungalows praktisch und ansprechend. Die meisten Gäste buchen Vollpension oder all-inclusive, das Essen ist schmackhaft und abwechslungsreich.

Ein ideales Revier für Taucher und Schnorchler und überaus interessant: das 40 m entfernte Hausriff, ein bis auf 40 m steil abfallendes Außenriff, an dem man viele Großfische sieht. Vorsicht jedoch vor Strömungen! Die Tauchschule MalDive bietet PADI-Kurse an. Besonders reizvolle Tauchplätze, wo man regelmäßig viele Haie sichtet – **Maaya Thila** und **Fish Head** –, liegen ganz in der Nähe.

Tel. 45 05 87, Fax 45 05 58; www.aitkenspenceholidays.com, E-Mail: bathala@aitkenspence.com.mv; Transfer: 20 Min. Wasserflugzeug, 4 Std. Speedboot, 56 km; 48 Zimmer; untere/mittlere Tauchpreise, mittlere Nebenkosten (all-inclusive möglich) ★ AmEx MASTER VISA

Ellaidhoo Tourist Resort

■ c 3

Die Insel **Ellaidhoo** beherbergt zu 90 % italienische Gäste. Sie ist üppig mit schlanken Kokospalmen bewachsen, ein paar Pelikane wohnen auch hier. Der Strand präsentiert sich nicht überall gleich schön – teilweise liegen schützende Korallenwälle im Wasser. Am Hausriff sind die Korallen stark beschädigt, doch es gibt gute Tauchplätze in der Gegend und eine große Zahl verschiedener Fischarten.

Das Essen im Hauptrestaurant ist reichhaltig, oft mit italienischem Einschlag. Nach Renovierungsarbeiten sind die Zimmer nun alle ordentlich und mit Minibar, teilweise Fernseher und Open-Air-Bad recht gut ausgestattet. Ausflüge sorgen für Abwechslung, ebenso Wassersportmöglichkeiten, die auf einer etwa drei Minuten entfernten, ansonsten unbewohnten Insel angeboten werden: Katamaran, Jet Ski, Wasserski und Windsurfen. In einem Internetcafé kann man auch ohne Wind und Wellengang surfen.

Die SubAqua-Tauchschule bietet PADI-, CMAS-, NAUI- und VIT-Kurse (bis Divemaster und viele Spezialkurse) sowie Nitroxtauchen an. Es lohnt sich, schon von Deutschland aus ein Tauchpaket zu buchen. Vom Team wird eine Vielzahl von Tauchfahrten organisiert, Non-limit-Tauchen ist ebenfalls möglich. Erstklassige Tauchgründe **(Fish Head, Orismas Thila, Maaya Thila)** liegen in unmittelbarer Nähe.

Tel. 45 05 86, Fax 45 05 14; E-Mail: mail@travelin-maldives.com; Transfer: 25 Min. Wasserflugzeug, 1,5 Std. Speedboot, 36 km; 50 Zimmer in Einzelbungalows oder zweistöckigen Doppelbungalows; hohe Tauchpreise, hohe Nebenkosten ★★ bis ★★★ AmEx MASTER VISA

Bei einer Kanutour kann man seine Unterkunft umfahren. Die Wasserbungalows des White Sand Resort (→ S. 64) sind mit natürlichem Baumaterial errichtet worden.

Fesdu Fun Island (Fesdhoo)

■ b 3

Die kleine Insel ist nur 200 m lang und 150 m breit. Rundum gibt es einen schönen Sandstrand und auch ein Hausriff, das sich bis auf 20 m an die Insel annähert. Die Gebäude wurden alle im Inselstil errichtet und mit Palmblättern gedeckt. Die Gartenanlagen sind sehr gepflegt, blühende Pflanzen gedeihen unter dem Schatten spendenden Dach der Kokospalmen. Die Zimmer verfügen alle über eine kleine Terrasse zur Meerseite, sind hell und zweckmäßig eingerichtet. Sie sollen 2003 renoviert werden. Neben dem Hauptrestaurant, in dem internationale gelegentlich kritisierte Küche serviert wird, gibt es einen Coffee Shop und eine Bar. Alle Gäste haben ein All-inclusive-Paket, das die meisten Getränke, Snacks, einen Ausflug, Schnorchelverleih und Windsurfen einschließt. Das Freizeitangebot beinhaltet außerdem Nachtfischen, Strandparties, Ausflüge, Tischtennis und Volleyball. Gelegentlich wird am Abend Live- oder Discomusik gespielt oder eine Folklorevorführung organisiert.

Die Tauchschule Inter Aqua schult nach PADI-Richtlinien. Non-limit-Tauchpakete werden nur an erfahrene Taucher vergeben – wegen Strömungen ist das Hausriff nämlich nicht ungefährlich. Doch es gibt zahlreiche andere Tauchgründe in der Nähe, die regelmäßig besucht werden.

Tel. 45 05 41, Fax 45 05 47; www.unisurf.com, E-Mail: sales@unisurf.com; Transfer: 25 Min. Wasserflugzeug, 2 Std. Speedboot, 73 km; 55 Zimmer in Einzel-, Doppel-, und Reihenbungalows; günstige Tauchpreise, geringe Nebenkosten (all-inclusive) ★★ AmEx DINERS MASTER VISA

Halaveli Holiday Village

■ b 3

Die Insel **Halaveli** war eine der ersten, die im Ari-Atoll für den Tourismus geöffnet wurden. Ein schöner, palmengesäumter Sandstrand umgibt das Resort, einige vorgelagerte Korallenwälle schützen den Strand vor Erosion. Das Hausriff liegt nur 20 m entfernt und eignet sich gut zum Schnorcheln.

Auf dieser Fun-Insel gibt es eine Vielzahl von Aktivitäten und Ausflügen. Ein Team italienischer Animateure kümmert sich um die Gäste, die organisierten Spiele, Discoabende und Theateraufführungen sind recht lautstarke Veranstaltungen.

Auch die Küche stellt sich auf die Hauptzahl der Gäste aus dem Mittelmeerraum ein und wird sehr gelobt. Die modern ausgestatteten Bungalows wurden im Landesstil errichtet, viele Sportarten werden angeboten.

Die Tauchbasis unterrichtet nach PADI-Methoden bis zum Instructor-Niveau. Das bekannte **Halaveli-Wrack** liegt direkt vor der Haustür und zieht viele Meereslebewesen. Ein Arzt wohnt ständig auf der Insel.

Tel. 45 05 59, Fax 45 05 64; www.halaveli.com, E-Mail: halaveli@dhivehinet.net.mv; Transfer: 20 Min. Wasserflugzeug, 2 Std. Speedboot, 69 km; 50 Einzelstrandbungalows; mittlere Tauchpreise, mittlere Nebenkosten ★★ AmEx DINERS MASTER VISA

Hilton Maldives on Rangali Island M

■ a 5

Die Unterkünfte des stilvollen Resorts verteilen sich auf zwei Inseln, die über eine 500 m lange Brücke miteinander verbunden sind. Die Anlage ist großzügig und luxuriös und bietet allen Komfort eines Fünf-Sterne-Hotels. Schon im Terminal in

Malé gibt es für die Hilton-Gäste eine separate Wartelounge. Die Zimmer sind groß, neu renoviert und unter Verwendung natürlicher Materialien exquisit eingerichtet. Der Service ist hervorragend, ebenso die Küche in den beiden Restaurants. Das Grillrestaurant und die Bar recken sich auf Stelzen in die Lagune hinaus und bieten eine besonders stimmungsvolle Atmosphäre für romantische Abende beim Sonnenuntergang.

Die Strandbungalows sind von gepflegten Gärten umgeben, haben alle ein Open-Air-Bad, Föhn, Minibar, Telefon und Kaffeemaschine. Besonders schön, luxuriös und intim sind die Wasserbungalows auf der Nebeninsel **Rangali Finolhu**, auf die man zu Fuß über die Brücke oder mit einer regelmäßig fahrenden Dhoni gelangt. Tagsüber entspannen sich die Gäste am breiten Strand, am Pool oder auf ihrer Terrasse. Abendunterhaltung wird angeboten, gekoppelt an eine wöchentliche »kulinarische Reise um die Welt«. Das internationale Publikum besteht aus vielen Flitterwöchlern.

Die SubAqua-Tauchschule ist hervorragend ausgerüstet. Das Kursangebot reicht von PADI, CMAS und NAUI bis zu VIT, Non-limit-Tauchpakete und Nitrox-Tauchen sind möglich. Das etwa 80 m vom Strand entfernte Hausriff ist allerdings nicht im besten Zustand. Es stehen zudem Windsurfen, Wasserski oder Kanufahren, Fischen, Parasailing, Katamaransegeln und Tennis zur Wahl. Hochseefischen und Yacht-Charter – kein Problem. In einem Massage- und Schönheitszentrum kann man sich von den professionellen Therapeutinnen verwöhnen lassen.
Tel. 45 06 29, Fax 45 06 19; www.hilton.com, E-Mail: info@maldiveshilton.com.mv; Transfer: 35 Min. Wasserflugzeug, 97 km; 130 Zimmer, davon 28 Wasserbungalows und 2 Suiten; mittlere/hohe Tauchpreise, hohe Nebenkosten ★★★ bis ★★★★
AmEx DINERS MASTER VISA

Holiday Island M ■ b 6

Die Hotelanlage liegt auf der Insel **Diffushi** (700 x 140 m), ganz im Süden des Ari-Atolls. Die Insel kann in 20 Minuten zu Fuß umrundet werden. Der weiße, feinsandige Strand gehört zu den schönsten der Malediven, und die reizvolle Mischung von hohen Kokospalmen und grünem Buschwerk geben der Insel ein sehr natürliches Aussehen. Das klare Wasser in der großen Lagune schillert türkisgrün und lädt zum Schwimmen ein. Bis zum Außenriff des Atolls sind es einige hundert Meter, es gibt kein zugängliches Hausriff. Täglich mehrmals werden dafür Schnorchelfahrten angeboten.

Die Zimmer verfügen alle über eine kleine Terrasse zum Strand hin, sind geschmackvoll mit hellen Möbeln eingerichtet, zum Bad gehören Innen- und Außendusche. Alle Strandbungalows haben Telefon, Fernseher, Minibar und Föhn. Ein lichtes, offenes Restaurant serviert eine gute Auswahl internationaler Küche.

Die Wassersportmöglichkeiten sind besonders zahlreich: Windsurfen, Katamaransegeln, Kajak, Banana-Ride, Parasailing, Wasserski, Wakeboard, Jet Ski, Wasserfahrradfahren, Tiefseefischen und Schnorcheln. Zusätzlich können ein Tennisplatz, Tischtennisplatte, Volleyball- und Badmintonfelder, Billardraum, Darts, ein Fitnesszentrum, Sauna und Dampfbad kostenlos benutzt werden. Am Abend finden Karaoke, Livemusik, Kulturshows und Disco statt, und es gibt ein regelmäßiges Ausflugsprogramm.

Das Publikum ist bunt gemischt aus jungen Leuten und Paaren, Einzelreisenden und Familien, viele Italiener buchen die Insel. Ein Arzt wohnt auf der Insel.

Die Tauchschule gibt PADI-Kurse und fährt regelmäßig über 35 Tauchplätze an. Der Service ist gut, die Ausrüstung auf dem neuesten Stand. Nonlimit-Tauchen ist hier nicht möglich; Schnorchelkurse werden angeboten. Tel. 45 00 11, Fax 45 00 22; www.villahotels-maldives.de, E-Mail: info@holiday-island.com.mv; Transfer: 35 Minuten Wasserflugzeug, 3–5 Std. Schnellboot, 110 km; 134 Zimmer in Einzelbungalows, 8 in Doppelbungalows (mit Verbindungstür); hohe Tauchpreise, hohe Nebenkosten (all-inclusive möglich) ★★★ AmEx MASTER VISA

Lily Beach Resort ■ c 5

Auf der länglichen Insel **Huvahendhoo**, die von einem weißen, schönen Sandstrand umgeben ist, befindet sich das Lily Beach Resort. Etwa die Hälfte der 550 m langen und 100 m breiten Insel wird von vorgelagerten Schutzdeichen aus Korallen umgeben, die eine schöne Lagune formen und den Strand schützen. Hier kann man gut schwimmen, Fische beobachten oder mit dem Kajak umherpaddeln. Auf der Seite der Beach-Bungalows ist der Strand etwas breiter und natürlicher. Die Insel ist grün, mit hübsch angelegten Gärten. Das rundherum reichende Hausriff liegt nur 15 bis 20 m vom Strand entfernt hinter den Schutzbarrieren und eignet sich sehr gut zum Schnorcheln.

Die Hotelanlage ist insgesamt hell und freundlich. Die Eingangshalle mit Rezeption, Bar und angrenzendem Restaurant präsentiert sich großzügig; der Sandboden schmeichelt den Füßen. Wohnen können Sie entweder in den in Zweierblöcken zusammengefassten Strandbungalows oder in Wasser-Villen, die vom Strand ein Stück in die Lagune hinausragen und ebenfalls in Doppelhäusern untergebracht sind. Alle Zimmer sind geschmackvoll eingerichtet und haben CD-Player, Telefon, Kühlschrank, Terrasse und ein teilgeöffnetes Bad und einen Garten.

Die Hotelanlage verfügt über zwei Bars, einen Coffee Shop, Swimmingpool mit Kinderbecken, Wassersportzentrum, Tauchschule, Tennisplatz, Beach-Volleyballfeld, Fernsehecke und einen Spielplatz für Kinder in Nähe des Pools. Abends wird ab und an ein Unterhaltungsprogramm angeboten.

Das Hotel ist ausgesprochen kinderfreundlich, die Atmosphäre locker und ungezwungen. Im Restaurant gibt es morgens, mittags und abends ein reichhaltiges Buffet mit Spezialitäten aus aller Welt.

Die gut und modern ausgerüstete Ocean-Pro-Tauchschule bietet Kurse nach PADI-Richtlinien an. Über 30 Tauchplätze werden angesteuert, darunter sehr anspruchsvolle und

! MERIAN-Tipp

Kulturzentrum Dangethi Auf der Einheimischeninsel Dangethi kann man ein Kulturzentrum besichtigen, in dem traditionelle maledivische Möbel, Werkzeuge und Gebrauchsgegenstände ausgestellt werden. Auch verschiedene Gebäude, etwa das Haus eines Fischers, eine Bootswerft, ein Kochhaus, sind hier zu sehen. Besucher erhalten dadurch einen guten Einblick in Gewohnheiten, Bräuche und Kultur der Malediver. Bei Gruppenführungen werden oft auch Vorführungen und Erklärungen zu den Exponaten gegeben. Der Besuch öffnet einem die Augen für die Kultur des maledivischen Volkes und lohnt sich sehr. ■ c 5

bekannte Thilas, Canyons, Mantarochen- und Haistellen; Strömungstauchen, Ganztagestouren und Nachttauchgänge.
Tel. 45 00 13, Fax 45 06 46; www.lilybeachmaldives.com, E-Mail: lilybeach@dhivehinet.net.mv; Transfer: 25 Min. Wasserflugzeug und 10 Min. Dhoni, 81 km; 69 Strandbungalows, 16 Wasserbungalows; mittlere Tauchpreise, geringe Nebenkosten (all-inclusive) ★★ bis ★★★ AmEx MASTER VISA

Maayafushi ■ b 5

Jahrelang war die dicht mit Palmen bewachsene Insel fest in italienischer Hand, mittlerweile besuchen aber auch einige Deutsche und Schweizer die Anlage. Es geht locker, lustig und gelegentlich auch etwas laut zu, unter anderem wegen der italienischen Animateure, die für Stimmung bei ihren Gästen sorgen. Die gemütliche Bar mit Sandboden ist abends gut besucht. Die meisten Bungalows liegen direkt am Strand, die im Inselinneren sind weniger empfehlenswert, einige davon verfügen jedoch über einen eigenen Whirlpool. Alle haben ein halboffenes Bad. Das Essen im Hauptrestaurant ist gut mit italienischem Einschlag, nur das Frühstück fällt etwas mager aus.

In der breiten Lagune kann man herrliche Abkühlung finden und jederzeit gut schwimmen, nicht nur auf der Sandbank genießt man Sonne pur. Am Strand lockt ein Volleyballnetz, und auch Ausflüge werden organisiert. Schnorcheln ist hingegen weniger spektakulär, da das Hausriff nicht im besten Zustand ist. Als weitere Wassersportarten werden Kanu, Windsurfen, Katamaransegeln, Tiefseefischen und natürlich Tauchen angeboten. Der schöne Tauchplatz **Maaya Thila** liegt ganz in der Nähe, aber die gut geführte PADI-Tauchschule fährt auch andere Tauchplätze an.
Tel. 45 05 88, Fax 45 05 68; E-Mail: maaya@dhivehinet.net.mv; Transfer: 25 Min. Wasserflugzeug, 63 km; 60 Zimmer; mittlere Tauchpreise, all-inclusive ★★ bis ★★★
AmEx MASTER VISA

Machchafushi Resort

■ b 5

Diese kleine Insel liegt im Südosten des Ari-Atolls und ist besonders bei Tauchern beliebt. Sie hat eine ovale Form (275 x 175 m), ist dicht mit Büschen und einigen Kokospalmen bewachsen und rundum von einem schönen Strand gesäumt.

Die Bungalows sind geräumig und mit Kühlschrank und Telefon ausgestattet. Die Wasserbungalows haben zusätzlich einen Fernseher und eine eigene Sonnenterrasse mit direktem Zugang ins Meer; alle Bungalows werden 2003 erneuert. Die Küche ist international mit asiatischem Einschlag, es gibt auch einen Coffee Shop und zwei Bars.

Neben Tauchen und Schnorcheln kann man hier Windsurfen, Katamaransegeln, Kanufahren, Nachtfischen sowie Tischtennis, Tennis, Volleyball und Darts spielen. Der Swimmingpool ist sehr beliebt. Abends ist es eher ruhig hier, nur gelegentlich werden Diashows, ein Barbecue oder eine Disco organisiert.

Die SubAqua-Tauchschule unterrichtet Kurse nach PADI- und NAUI-Richtlinien. Das Hausriff ist nur 50 m vom Strand entfernt, direkt betauchbar und gilt als eines der besten im gesamten Ari-Atoll. Das Angebot an Ausfahrten (rund 45 verschiedene Tauchplätze!) ist breit gefächert, die Betreuung bestens. Einige interessante Tauchgründe wie **Kudarah Thila, Manta Point** und **Broken Rock** sind gar nicht weit entfernt.
Tel. 45 45 45, Fax 45 45 46; www.machchafushi.com, E-Mail: info@machchafushi.com; Transfer:

30 Min. Wasserflugzeug, 90 km; 60 Zimmer in Doppel- und Wasserbungalows; mittlere Tauchpreise, mittlere Nebenkosten ★★ AmEx MASTER VISA

Mirihi Island Resort ■ b 5

Das Resort liegt auf einer charmanten kleinen Insel (300 x 100 m) mit viel Atmosphäre und wird vorwiegend von deutschsprachigen Gästen besucht. 2002 wurde die Anlage komplett umgebaut. Die Vegetation der Insel präsentiert sich üppig, das tolle Hausriff liegt etwa 40 m von der Tauchbasis entfernt, ist direkt betauchbar und auch zum Schnorcheln geeignet. Andere interessante Reviere liegen in der Nähe. Leider ist nicht die gesamte Insel von einem Sandstrand umgeben – deshalb kann sie auch nicht zu Fuß umrundet werden. Doch es gibt einige sehr schöne Badestrände.

Die Hauptgebäude mit Bar, Rezeption und Restaurant sind geräumig und ansprechend eingerichtet. Fast alle Gäste haben Vollpension und genießen das gute Essen. Die Bungalows sind sehr schön eingerichtet, ganz ohne Plastik. Sie stehen entweder am Strand oder auf Stelzen im herrlich smaragdgrünen Wasser der Lagune.

Tagsüber kann man Surfbretter ausleihen oder einen Katamaran mieten. Die meisten Gäste gehen allerdings Tauchen. Nachmittags spielt man gerne Volleyball oder Fußball. Nach so einem sportlichen Tag kann man sich dann im Massagezentrum ein wenig die Muskeln lockern lassen. Abends Folkloreshows oder Tanzmusik.

Die Tauchschule Mirihi Aqua Base bietet PADI-Kurse bis zum Divemaster an. In den Gebieten um die Insel werden auch immer wieder Großfische gesichtet, und es gibt interessante Thilas in der näheren Umgebung. Non-limit-Tauchen ist möglich.

Tel. 45 05 00, Fax 45 05 01; www.mirihi.com, E-Mail: mirihi@dhivehinet.net.mv; Transfer: 30 Min. Wasserflugzeug, 2,5 Std. Speedboot, 103 km; 40 Zimmer in Doppel-, Dreier- und Wasserbungalows; mittlere/hohe Tauchpreise, hohe Nebenkosten ★★ AmEx MASTER VISA

Nika Island Resort ■ a 2

In dieser exklusiven Anlage im Nord-Ari-Atoll haben schon viele prominente Persönlichkeiten ihren Urlaub verbracht. Das Hotel liegt auf der kleinen Insel **Kudafolhudhoo**; es wurde von einem italienischen Architekten gestaltet. Als einzige aller maledivischen Hotelanlagen verfügt hier jeder Bungalow über einen Privatstrand.

Die Insel ist fast kreisförmig, ganz von Sandstrand umgeben, und die geräumigen Rundbungalows sind sehr schön in die Vegetation hineinplatziert. Alles ist sehr grün und voller bunter Blumen. Ein großer Nika (=Banyan)-Baum mit herunterhängenden Luftwurzeln spendet Schatten.

Da die Hotelanlage schon seit über einem Jahrzehnt besteht, ist nicht alles so modern und neu wie in anderen, in den letzten Jahren eröffneten Luxusunterkünften. Die Bungalows sind geradezu riesig und geschmackvoll eingerichtet, der Service ist sehr persönlich und professionell. Keiner der Bungalows ist übrigens klimatisiert, eine natürliche Durchlüftung und Deckenventilatoren sorgen aber für ausreichende Kühle.

Die hervorragende Küche ist international mit italienischem Touch, ebenso könnte man die Gäste beschreiben. Es gibt auf Nika natürlich auch eine Bar und einen Coffee Shop, ferner eine Arztpraxis, ein ayurvedisches Massagezentrum sowie einen Internetanschluss für Gäste. Man kann Windsurfen und Kajaks ausleihen (ohne Aufpreis), Wasserski fahren und Tennis- bzw. Badminton

Oben: Viele maledivische Familien haben bis zu fünf Kindern, die ab dem sechsten Lebensjahr die Grundschule besuchen.

Mitte: Duschen und Zähneputzen mit Blick aufs türkisblaue Meer kann man im Badezimmer im Wasserbungalow.

Unten: Auch Aktivurlauber genießen die Strandcafés auf Sun Island *(→ S. 62).*

spielen. Täglich finden Schnorchel- und Tauchfahrten zu etwa 15 Tauchplätzen statt. Kurse finden nach PADI-Richtlinien statt.
Tel. 45 05 16, Fax 45 05 77; www.nikamaldive.com, E-Mail: nika_htl@dhivehinet@net.mv; Transfer: 25 Min. Wasserflugzeug, 75 km; 26 Zimmer, 1 Suite; hohe Tauchpreise, hohe Nebenkosten ★★★ bis ★★★★
AmEx DINERS MASTER VISA

Sun Island ■ b 6

Mit 350 Zimmern ist Sun Island auf der Insel **Nalaguraidhoo** die größte Anlage der Malediven. Sie bietet den höchsten Stand an Ausstattung und Komfort, den man sich nur denken kann. Alles ist groß, neu und modern. Die Gartenanlagen sind sehr gepflegt, der Süßwasserpool ist riesig und wunderschön gestaltet, natürlich mit Poolbar; die Zimmer sind sauber und komfortabel, das Sportangebot präsentiert sich umfangreich und der Service perfekt. Die meisten Gäste fühlen sich hier ausgesprochen wohl, auch wenn der Anlage das maledivische Flair und Landestypisches fehlt.

Die 1600 x 360 m große Insel ist von einem feinsandigen, blendend weißen, breiten Sandstrand und einer kristallklaren Lagune umgeben. Es gibt kein direkt zugängliches Hausriff, Fahrten zu Schnorchelstellen (kostenpflichtig wie auch alles andere) werden jedoch täglich durchgeführt. Schon aus der Luft fallen die 72 Wasserbungalows auf, die in die Lagune hinaus gebaut wurden. Alle Zimmer sind geräumig und hell, viele haben ein Open-Air-Bad. Föhn, Minibar, Safe, Satellitenfernsehen mit Internetanschluss und Telefon sind in allen Unterkünften Standard.

Gepflasterte Wege und Straßen führen über die Insel, die Gäste können Fahrräder und Mopeds leihen, es fährt auch ein Minibus. Das Freizeitangebot ist groß: Billard, Computerspiele, Fitnessraum, Sauna, Dampfbad, Massagezentrum, Jacuzzi, Tennis, Basketball, Badminton, Squash, Tischtennis sowie Tauchen, Schnorcheln, Windsurfen, Katamaransegeln, Kanu und ein Kinderspielplatz. Abends gibt es ein großes Unterhaltungsangebot mit Karaoke, Krebsrennen, Shows, Livemusik und Disco. Auch das Ausflugprogramm lässt keine Wünsche offen, selbst Hochseefischen ist möglich. Ein Arzt befindet sich auf der Insel. Geschäfte runden das Angebot ab.

Das Hauptrestaurant ist groß und wirkt deshalb leider ein bisschen wie eine Kantine, doch der Service und das Essen sind gut. Es gibt noch vier weitere Restaurants, vier Bars und einen Coffee Shop.

Die gut ausgerüstete Tauchschule unterrichtet nach PADI-Standard bis zum Divemaster.
Tel. 45 00 88, Fax 45 00 99; www.villahotels-maldives.com, E-Mail: info@sun-island.com.mv; Transfer: 35 Min. Wasserflugzeug, 2,5 Std. Speedboot, 107 km; 350 Strand- und Wasserbungalows; mittlere Tauchpreise, hohe Nebenkosten ★★★
AmEx DINERS MASTER VISA

Vakarufalhi Island Resort M M ■ b 6

Die wunderschöne, palmengesäumte Insel **Vakarufalhi** besticht mit ihrer Natürlichkeit alle Gäste. Die Schuhe bleiben im Schrank, Strandkleidung und Lieblingsbücher werden ausgepackt – und dann ist Erholung angesagt: Das tropische, lockere Flair der Insel verführt zum Genießen und Nichtstun auf dem blendend weißen Sandstrand unter Kokospalmen. Die recht kleine Insel kann in 15 Minuten zu Fuß umrundet werden, wirkt familiär und gemütlich.

Alle Gebäude sind mit Palmblättern gedeckt; überhaupt dominieren natürliche Materialien, und die Bungalows fügen sich gut in den ursprünglichen Bewuchs der Insel ein. Sie sind alle gleich geräumig, geschmackvoll eingerichtet und verfügen über CD-Spieler, Kühlschrank und Föhn im kleinen Open-Air-Bad. Überall ist Sandboden, und die Architektur des Restaurants, der Bar und Rezeption ist sehr ansprechend. Das Essen ist vorzüglich; die Gerichte sind abwechslungsreich und international – ebenso wie die Gäste. Auch der Service ist gut, Extrawünsche der Besucher werden gerne erfüllt. Abends geht es meist ruhig zu.

Breites Sportangebot; Ausflüge auf benachbarte Inseln und zum Fischen sind möglich. Die von ProDivers geleitete Tauchbasis bietet PADI-Kurse bis zum Assistant Instructor an. Das 50 m vom Ufer entfernte Hausriff ist in gutem Zustand, hat einen großen Fischreichtum zu bieten und eignet sich zum Schnorcheln und Tauchen. 30 weitere interessante Tauchplätze in der Nähe werden angefahren.
Tel. 45 00 04, Fax 45 00 07; www.vakaru.com, E-Mail: vakaru@dhivehinet.net.mv; Transfer: 35 Min. Wasserflugzeug, 97 km; 50 Strandbungalows; hohe Tauchpreise, mittlere Nebenkosten ★★★ AmEx MASTER VISA

Velidhu Island Resort (Avi Island Resort) M

b 1–2

Die Anlage auf der 230 x 150 m großen Insel wurde 1989 eröffnet und im Laufe der Jahre mehrfach modernisiert; unter anderem entstanden 20 sehr schöne Wasserbungalows am Nordwestende und ein Spa. Die Zimmer sind komfortabel und geschmackvoll eingerichtet, liegen zum Teil aber recht eng beieinander. Sie haben alle eine Minibar sowie eine Terrasse, von der es nur wenige Schritte zum Wasser sind. Viel Grün umgibt die Gebäude. Die Wasserbungalows sind sehr geräumig, harmonisch eingerichtet und gut beleuchtet. Durch ein Fenster im Boden kann man die Fische sogar nachts beobachten. Das Bad ist lichtdurchflutet und mit einer großen Dusche ausgestattet.

Die üppige Vegetation gibt der Insel ein natürliches Aussehen. Man kann unter Palmen auf Sandwegen umherspazieren oder sie am schönen Strand entlang in einer halben Stunde umrunden. Die vorgelagerten Korallenwälle stören kaum, in der Lagune kann man gut schwimmen, und das Hausriff ist leicht zugänglich.

Das Buffet im Restaurant ist reichhaltig, die Speisen sind sehr schmackhaft und frisch. Abends trifft man sich in der Bar, und es wird auch regelmäßig Unterhaltung angeboten. Das Freizeitangebot umfasst eine Vielzahl von Land- und Wassersportarten wie Windsurfen, Wasserski, Katamaransegeln, Banana-Ride, Kanufahrten, Tischtennis, Volleyball und Badminton. Verschiedene Ausflüge kommen dazu. Viele Urlauber tauchen; die EuroDivers-Tauchschule und ihr freundlicher Service werden vielfach gelobt. Sie führt PADI-Kurse bis zum Instructur-Niveau durch und steuert etwa 40 interessante Tauchplätze in der Gegend an.
Tel. 45 05 95/45 05 51, Fax 45 06 30; www.johnkeellshotels.com, E-Mail: velidhu@dhivehinet.net.mv; Transfer: 22 Min. Wasserflugzeug, 2 Std. Speedboot, 85 km; 80 Strandbungalows, 20 Wasserbungalows; hohe Tauchpreise, mittlere Nebenkosten ★★ bis ★★★ AmEx MASTER VISA

Vilamendhoo

c 5

Die beliebte Insel (900 x 250 m) liegt im südlichen Teil des Ari-Atoll. Sie wird umgeben von einem recht schmalen Sandstrand, der durch steinige Passagen und Buschwerk unterbrochen wird, so dass sie nur bei Ebbe komplett umlaufen werden kann. Auch das Inselinnere ist dicht bewachsen, was dem Eiland ein recht natürliches Aussehen gibt. Die Bungalows haben teils einen eigenen Strandzugang. Alle Zimmer sind sauber und modern ausgestattet mit Mini-Bar, Telefon und Klimaanlage, die meisten haben jedoch keinen direkten Meerblick, und auch nicht alle verfügen über ein offenes Bad. Einzelbungalows sind vorzuziehen, da die Wände recht hellhörig sind.

Alle Mahlzeiten werden im Restaurant serviert, meist als Buffett, gelegentlich gibt es Grillabende unterm Sternenhimmel am Strand. Für kleine Snacks gibt es noch einen Coffee Shop sowie die Bar. Viele Gäste haben ein All-inclusive-Paket gewählt.

Man hat die Möglichkeit zu Volleyball, Tennis und Badminton, auch einen Fitnessraum gibt es.

Das Hausriff ist direkt betauchbar und auch zum Schnorcheln gut geeignet. Leider sind die Korallen sehr mitgenommen, dafür tummeln sich hier viele Fische und auch immer wieder Schildkröten. Die Tauchschule bietet Kurse aller Stufen an, die Ausstattung ist modern und die Leitung professionell.

Tel. 45 50 37, Fax 44 50 39; www.aaa-resortsmaldeives.com, E-Mail: vilamndu@aaa.com.mv; Transfer: 25 Min. Wasserflugzeug, 82 km; 141 Zimmer; mittlere Tauchpreise, hohe Nebenkosten (all-inclusive möglich)

★★ bis ★★★ AmEx MASTER VISA

White Sand Resort Diddhoo M ■ BC 10-12, S. 114

Diese längliche Insel (1700 x 300 m) hat ein sehr natürliches Aussehen und eine unkomplizierte, entspannende Atmosphäre. Die wenigen Meter vom Bungalow zum Strand geht man durch dichtes Buschwerk. Eine große Lagune lädt zum Schwimmen, Segeln und Windsurfen ein, nur wenige Korallenwälle unterbrechen den weißen Sandstrand.

Es werden Zimmer verschiedener Kategorien angeboten: Die Landunterkünfte verteilen sich auf Doppel- und Reihenbungalows, die zum Teil an Schweizer Chalets erinnern. Die Innenausstattung ist praktisch, alles ist sauber und geräumig. Die 52 neuen Wasserbungalows liegen am Nordostende der Insel. Sie sind geschmackvoll und luxuriös eingerichtet. Die Bars und Restaurants wurden im Inselstil gestaltet. Das Essen ist reichhaltig und gut – international wie auch das Publikum dieser Insel.

Ein gut ausgestattetes Wassersportzentrum bietet Jet Ski, Windsurfen, Wakeboard, Katamaran, Tretboot, Wasserski, Parasailing, Kanu und Banana-Ride. Dazu kommen Tennis, Badminton, Tischtennis, Fußball, Aerobics und Volleyball. Ausflüge zum Fischen und auf benachbarte Inseln sorgen für noch mehr Abwechslung, außerdem fährt zweimal täglich ein Boot die Gäste kostenlos zum Schnorcheln an das Hausriff. Einmal pro Woche gibt es abends Musik- und Tanzvorführungen sowie Disco.

Die PADI-Tauchschule von Eurodivers bietet Kurse bis zum Assistant Instructor an. Die Tauchgründe sind besonders spektakulär – mit Thilas, Höhlen, Wänden und vielen Großfischen.

Tel. 45 05 13, Fax 45 05 12; www.maldiveswhitesands.com, E-Mail: resort@maldiveswhitesands.com; Transfer: 25 Min. Wasserflugzeug, 2,5–3 Std. Schnellboot, 100 km; 52 Wasser-, 95 Strandbungalows; günstige Tauchpreise, mittlere Nebenkosten

★★ bis ★★★ AmEx MASTER VISA

RASDU-ATOLL (RASDHOO) ■ C 9, S. 116

Karte → S. 53

Kuramathi Tourist Island M ■ c 1

Mit einer Ausdehnung von 2000 x 600 m ist **Kuramathi** eine der größten Malediveninseln – und die einzige, auf der sich drei Resorts befinden. Sie ist dicht mit einheimischer Vegetation und Buschwerk bewachsen (leider viele Moskitos!) und hat mehrere schöne Strandabschnitte zu bieten. Am Nordende beim **Blue Lagoon Resort** gibt es eine lange Sandbank; beliebter Treff zum Sonnenuntergang. Das Hausriff liegt etwa 30 m vom Strand entfernt; es eignet sich gut zum Schnorcheln und hat verschiedene Einstiegstellen. Eine Lagune auf der Innenatollseite eignet sich gut für Wassersport.

Sandwege und eine Straße führen über die Insel, für die Gäste gibt es einen Busservice. Die Ankunft erfolgt in der allen gemeinsamen Rezeption beim **Kuramathi Village**.

Drei Resorts der selben Hotelgruppe beherbergen hier die internationale Gästeschar – für jeden Geschmack ist die richtige Anlage dabei. Ein Urlaub im **Blue Lagoon** ist eher ruhig und entspannt. Von den 50 Zimmern der Anlage sind 20 in Zweierblöcken liegende Wasserbungalows. In der Inselmitte liegt der **Kuramathi Cottage Club**, der über 50 geschmackvolle Wasser- und 30 Strandbungalows verfügt. Im Thai Restaurant speist man vorzüglich. Die Gäste im lebhaften, günstigen **Kuramathi Village** machen All-Inclusive-Urlaub. Das Publikum ist jung und besteht aus einem Nationalitätengemisch. Die Bungalows und Gebäude aller drei Anlagen sind geschickt in die Vegetation eingebettet. Langeweile kommt nicht auf, da die Touristen sämtliche Einrichtungen der Hotels, die Restaurants, Bars und auch das schöne Sportzentrum mit Swimmingpool, Jacuzzi, Bar, Sauna, Tennisplatz, Fitnessraum, Friseur und Massagezentrum gemeinsam benutzen können. Die Mitgliedschaft dort ist kostenpflichtig, lohnt sich aber, wenn man gerne Sport treibt und/oder am Pool liegt.

An vielen Inselstränden kann man Graureiher dabei beobachten, wie sie sich im flachen Wasser der Lagune an Jungfischen satt essen.

Breit gefächert ist das Angebot an Ausflügen. Die drei Tauchbasen werden alle von Rashdoo Atoll Divers betrieben und haben die gleichen Preise. Hier am Außenriff findet man viele interessante Tauchgründe, sogar einen Hammerhai-Point; PADI-, NAUI-, CMS-Kurse, begleitete Schnorchel- und Tauchsafaris und Nitroxtauchen werden angeboten. Eine Dekompressionskammer hilft bei Tauchunfällen. Ein Arzt ist auf der Insel.

Tel. 45 05 27, Fax 45 05 56; www.unisurf.com, E-Mail: sales@unisurf.com; Transfer: 15 Min. Wasserflugzeug, 1,5 Std. Speedboot, 60 km; mittlere Nebenkosten und mittlere Tauchpreise in allen drei Resorts
AmEx DINERS MASTER VISA

Veligandu Island Resort

■ c 1

Der Name der Insel bedeutet »Sandbank«, was nicht überrascht, denn eine l-förmige, lange Sandbank streckt sich weit in die Lagune hinaus. Mit 600 m Länge und 200 m Breite ist **Veligandu** relativ lang gestreckt, von Stränden umgeben und mit Büschen und Palmen dicht bewachsen. Die Bungalows sind sämtlich aus Korallen gebaut und mit Palmblättern gedeckt. Sie liegen direkt am Wasser, haben eine Terrasse, Telefon, Minibar, CD-Player und Open-Air-Bad. Die Innenausstattung ist sehr ansprechend, eine Sonnenterrasse auf zwei Ebenen mit direktem Zugang ins Meer gehört zu jedem Bungalow. Die Bar und das Restaurant sind luftig und gemütlich. Das junge, dynamische Management sorgt dafür, dass alle Besucher zufrieden sind. Das Angebot an Sportarten und Aktivitäten umfasst Tischtennis, Volleyball, Fischen, Windsurfen, Katamarantörns, einen Fitnessraum und ein Massagezentrum sowie Ausflüge und Abendunterhaltung. Internationales Publikum aller Altersgruppen.

Das Hausriff befindet sich nur 50 bis 150 m vom Strand entfernt; es ist ideal zum Schnorcheln und Tauchen. Die OceanPro-Tauchbasis schult nach PADI-Richtlinien bis zum Divemaster-Niveau. Insgesamt 17 Tauchreviere werden angefahren.
Tel. 45 05 19, Fax 45 06 48; www.veliganduisland.com, E-Mail: info@veliganduisland.com; Transfer: 20 Min. Wasserflugzeug, 1 Std. Speedboot, 60 km; 63 Zimmer in Reihen-, Strand- und Wasserbungalows; mittlere Tauchpreise, mittlere Nebenkosten
★★ bis ★★★ AmEx MASTER VISA

Versierte Taucher bringen ihre eigene Ausrüstung mit, man kann aber alles Erforderliche auch bei der Tauchschule des Resorts leihen.

Robinson-Crusoe-Feeling in unberührter Natur: Die wunderschönen Resortinseln in den nördlichen Atollen sind exklusive und luxuriöse Inseln fern vom Massentourismus.

Im Norden des Malediven-Archipelagos liegt eine Handvoll versteckter Inseln für Besucher, die es gern ruhig haben und sich verwöhnen lassen. Nur die Hotels auf **Kuredu** im Lhaviyani-Atoll und **Sonevafushi** im Baa-Atoll wurden schon Anfang der neunziger Jahre eröffnet, alle anderen Resorts sind ganz neu erschlossen. Die wenigen Inseln teilen sich viele wunderschöne Tauchgründe, die weißen Sandstrände sind herrlich pulvrig und ohne Korallenwälle.

Einige Anlagen auf den nördlichen Atollen öffneten ihre Türen erst 2001 – alle liegen auf sehr schönen, meist großen Inseln mit viel dichter, natürlicher Vegetation. Abends wird in den teuren Fünf-Sterne-Hotels wenig angeboten – hier erholen sich gestresste Menschen vom Alltag. Die Unterkünfte der Luxusklasse sind geschmackvoll eingerichtet und im landestypischen Stil erbaut.

Eher lebhaft geht es in den größeren Anlagen **Reethi Beach, Meedhupparu Island Resort** und **Kuredu** zu, wo viele junge Leute, Familien und Singles Urlaub machen. Alle Resorts bieten auch eine Vielzahl von sportlichen Aktivitäten und Wassersportmöglichkeiten an. Die Insel Kidhaadhuffaru ist nur über den italienischen Club Valtur buchbar.

BAA-ATOLL (SÜD MAALHOSMADULU)

■ BC 7, S. 114

Coco Palm Resort & Spa MMM

■ C 7, S. 114

Die exklusive Anlage liegt auf der wunderschönen Insel **Dunikolu** am Ostende des Atolls. Der die ganze Insel umgebende Strand zählt sicher zu den schönsten auf den Malediven – und das Gleiche gilt für das Resort. Die mit Palmblättern gedeckten Bungalows sind so geschickt in die dichte Vegetation eingebettet, dass die Insel fast unberührt wirkt – wären da nicht die vorgelagerten Wasserbungalows. Sie liegen auf Stelzen in der kristallklaren, türkisblauen Lagune, sind sehr intim und luxuriös eingerichtet, insbesondere die zwei Suiten. Alle Zimmer sind geräumig und sehr geschmackvoll und komfortabel ausgestattet. Die Strandbungalows liegen unweit vom Meer und haben ein Open-Air-Bad sowie Safe, Minibar, Tee- und Kaffeekocher, Telefon und Föhn. Je nach Kategorie haben einige einen privaten kleinen Pool auf der Terrasse, ebenso die Wasserbungalows. Aus deren Badezimmer genießt man einen traumhaften Blick über den Ozean und in absoluter Privatsphäre; von der Terrasse hat man natürlich direkten Zugang ins Wasser.

Ruhig, privat, relaxt und exklusiv ist die Atmosphäre auf der Insel – die internationalen Gäste suchen Abgeschiedenheit und Luxus, und sie finden beides hier. Wer nicht ins Restaurant gehen möchte, kann sogar in der Villa oder ganz romantisch am Strand dinieren. Das Essen ist ausgezeichnet, die Architektur des Haupt- und des Seafood-Restaurants überaus ansprechend. Am Abend ziehen sich die meisten Gäste zurück, selbst an der Bar ist es ruhig.

In einem Sport- und Freizeitzentrum kann man Tischtennis, Badminton, Tennis, Volleyball und Billard spielen; es gibt dort auch ein Fitnessstudio, Fernseh- und Leseraum, eine Arztpraxis, Jacuzzi und eine Bar. Der 2001 eröffnete Spa bietet professionelle Massagen an. Zu diesem Angebot kommen noch Katamaransegeln, Windsurfen, Wasserski, Segeln und Ausflüge hinzu.

! MERIAN-Tipp

Delfine beobachten auf Coco Palm An der Küste der abgelegenen Insel Dunikolu ziehen allmorgendlich Gruppen von Delfinen vorbei. Vom Coco Palm Resort fährt regelmäßig ein Boot hinaus, damit die Gäste die zutraulichen Meeressäugetiere aus der Nähe beobachten können. Naturerlebnisse wie dieses sind freilich nie ganz vorhersehbar und planbar – sollten Sie also wider Erwarten keine Delfine sichten, ist der Ausflug kostenlos. Aber stehen Sie ruhig einmal früh auf: Sie werden nicht enttäuscht sein, denn allein die besondere Stimmung in der Morgensonne und der Blick auf die herrliche Insel machen den Ausflug zu einem besonderen Erlebnis.

■ C 7, S. 114

Ein direkt betauchbares Hausriff ist ideal für Schnorchler und Taucher. Die OceanPro Tauchschule bietet Kurse nach PADI- und SSI-Richtlinien an. Viele Tauchgründe warten in dieser Ecke des Atolls noch auf ihre Entdeckung – Sie werden sicher viel Spannendes finden!

Tel. 23 00 11, Fax 23 00 22; cocopalm@dhivehinet.net.mv, E-Mail: www.cocopalm-maldives.com; Transfer: 30 Min. Wasserflugzeug, 124 km; 98 Zimmer in Einzel- und Wasserbungalows, 2 Suiten; hohe Tauchpreise, mittlere Nebenkosten

★★★ bis ★★★★ AmEx MASTER VISA

Reethi Beach Resort

■ D 6, S. 115

Das im Norden des Baa-Atolls gelegene Resort bietet einen erschwinglichen Urlaub in traumhafter Umgebung an. Die Insel **Fonimagodhoo** (600 x 200 m) verfügt rundum über einen schönen Sandstrand von unterschiedlicher Breite, die Lagune ist ideal für Wassersportarten jeglicher Art. Ein sehr professionelles und gut ausgestattetes Wassersportzentrum macht fast alles möglich: Parasailing, Katamaran, Banana-Ride, Wake Board, Windsurfen, Wasserski, Kajak, Jet Ski. Auch Kurse werden angeboten. Das Hausriff liegt an der weitesten Stelle 80 m entfernt.

Es gibt viel Grün auf der Insel, herrlich bequeme maledivische Schaukeln laden überall ein, die Seele baumeln zu lassen, und die Bungalows sind alle nur wenige Meter vom Wasser entfernt. Sie sind komfortabel, wenn auch etwas überladen in der Einrichtung. Das Bad ist open-air, alle Zimmer haben Telefon, Fernseher, Minibar und Föhn. Am Westende der Insel liegen die Wasserbungalows, jeweils in Blöcken zu zweit. Von ihrer Terrasse kann man direkt ins Wasser steigen. Sie sind ähnlich wie die Strandbungalows ausgestattet.

Oben: Zu jedem guten Buffet, das gern unter freiem Himmel aufgebaut wird, gehört selbstverständlich viel Fisch, so auch im Sonevafushi Resort & Spa (→ S. 70).

Mitte: Abends genießen die Gäste der Hotelanlage Sonevafushi Resort & Spa internationale Küche bei einem guten Glas Wein.

Unten: Bei der Einrichtung der Suiten im Sonevafushi Resort & Spa wurde Wert auf natürliche Materialien und maledivische Bauweise gelegt.

Die Gäste des Resorts kommen aus Europa und haben zum Teil ein All-inclusive-Paket gebucht, das Getränke, Snacks und eine Exkursion einschließt. Ausflüge auf nahe gelegene Inseln, in die Hauptstadt des Baa-Atolls – Eydhafushi – sowie zum Schnorcheln und Fischen werden bei ausreichender Beteiligung jede Woche durchgeführt.

Neben dem Hauptrestaurant bieten drei Spezialitätenrestaurants Abwechslung. Sehr schön liegt der Coffee Shop mit reichhaltiger Speisekarte: Er erhebt sich auf Stelzen überm Wasser. Das Essen ist in allen Restaurants empfehlenswert. Beim Sportkomplex gibt es einen Swimmingpool; auch kann man auf Reethi Tennis, Squash und Badminton spielen oder das Fitnessstudio besuchen. Im Resort befindet sich auch eine Arztpraxis. Die Tauchschule Sea Explorer führt Kurse nach PADI- und SSI-Richtlinien sowie Nitrox-Tauchen durch. Sie verfügt über eine neue Ausrüstung und fährt eine Vielzahl von Tauchgründen an. Schnuppertauchen wird gratis angeboten.

Tel. 23 26 26, Fax 23 27 27; www.reethibeach.de, E-Mail: info@reethibeach.com.mv; Transfer: 35 Min. Wasserflugzeug, 3 Std. Speedboot, 118 km; 100 Zimmer in Einzel-, Doppel und Wasserbungalows; mittlere Tauchpreise, mittlere Nebenkosten ★★ bis ★★★

AmEx MASTER VISA

Royal Island ■ C 6–7, S. 114

Im Mai 2001 wurde das Resort mit 148 luxuriösen Zimmern und zwei Suiten eröffnet. Es hat alle Einrichtungen eines modernen Hotels der Spitzenklasse mit einem viel versprechenden Angebot an Wasser- und Landsportarten, selbst ein Fitness- und ein Massagezentrum gehören zur Anlage. Es gibt alles, was sich der Gast nur wünschen kann. Die große, künstliche Lagune auf der Westseite ist Geschmackssache. Die Tauchschule wird von Delphis Dive Centers geleitet (PADI, SSI), das Hausriff liegt nur 30 m vor der Insel.

Tel. 23 00 88, Fax 23 00 99; www.villahotels-maldives.de, E-Mail: info@royal-island.com.mv; Transfer: 45 Min. Wasserflugzeug, 118 km; 148 Zimmer und 2 Suiten; hohe Tauchpreise, hohe Nebenkosten ★★★ bis ★★★★

AmEx DINERS MASTER VISA

Sonevafushi Resort & Spa MMM ■ C 7, S. 114

Die wunderschöne, exklusive Hotelanlage wurde auf **Kunfunadhoo** errichtet, einer großen Insel, die dicht mit herrlicher, natürlicher Vegetation bewachsen ist und rundum über einen Sandstrand verfügt sowie

5

MERIAN-Tipp

Raison d'Etre Spa auf Sonevafushi Lassen Sie sich rundum verwöhnen, und bauen Sie mit Hilfe der geschulten Therapeuten des Wellness Centers Stress ab. In einem sehr ansprechenden und bis ins Detail stimmigen Gebäude des Luxusresorts werden die Behandlungen durchgeführt. Sie umfassen ein vielseitiges Programm, das auf individuelle Bedürfnisse und Wünsche abgestimmt wird, um Ihr Wohlbefinden zu verbessern, um innere Ausgeglichenheit und Ruhe zu finden. Von Schönheitsbehandlungen über Fitnesstraining bis zur Meditation – Ihr Berater wird das optimale Wellness-Programm für Sie zusammenstellen. ■ C 7, S. 114

ausgezeichnete Tauchmöglichkeiten bietet.

Aus der Luft gesehen lassen sich die im natürlichen Urwald versteckten Gebäude fast nicht ausmachen. Die Insel verbindet höchsten Komfort und besten Service mit dem Wunsch der Gäste nach Naturbelassenheit und Inselromantik. Crusoe Villen heißen in diesem Sinne einige der sehr komfortablen und geschmackvoll eingerichteten Bungalows, die alle direkt am Wasser liegen und einen eigenen Strandzugang haben. Der Wunsch nach Privatsphäre wird berücksichtigt – und obwohl die Häuser nicht weit voneinander entfernt liegen, fühlt man sich völlig unbeobachtet, da dichte Vegetation den Blick zum Nachbarn versperrt.

Die Häuser sind im maledivischen Stil gebaut, mit einem Dach aus Palmblättern und viel Holz. Sie stehen alle einzeln, nur die Rehendi-Zimmer wurden in Blöcken zusammengefasst. Auf natürliche Materialien, geschicktes Einfügen der Inselbauten in die Umgebung und Umweltschutz wird hier besonders geachtet. Die Laken sind aus ungebleichter Baumwolle, die Trinkgefäße aus Ton, und in der Wäscherei wird 100 Prozent biologisch abbaubares Waschmittel verwendet. Je nach Standard gehört zum Haus ein geräumiges, sonnendurchflutetes Open-Air-Bad mit eigenem Garten. Moskitonetze umgeben das Bett, und eine gemütliche Sitzecke lädt zum Verweilen ein. Die Unterkunftsmöglichkeiten im Resort reichen von der geräumigen Presidential Suite über Sonevafushi Villa Suites, Villen und zweistöckige Crusoe-Villen bis zu den praktischen Rehendi-Zimmern.

Sonevafushi ist ideal für Urlauber, die Ruhe, Entspannung und eine natürliche Umgebung suchen und weg von Alltag und Hektik wollen. Fast alle Gäste gehen barfuß, die Atmosphäre ist locker; es gibt keine aufwendige Abendunterhaltung. Zwei Restaurants mit vorzüglicher Küche laden zum Gourmeterlebnis ein.

Man erkundet die Insel am besten mit dem Fahrrad. Ein Wassersportzentrum mit Windsurfen, Wasserski und Katamaran- oder Hobbiecat-Segeln und eine Tauchschule befinden sich hier.

Das sehr freundliche und hilfsbereite Personal bemüht sich, die Wünsche eines jeden Gastes zu erfüllen, organisiert private Abendessen am Strand oder Picknicks auf unbewohnten Inseln.

Das Tauchzentrum Soleni Dive Center führt Tauchkurse nach PADI-Richtlinien vom Anfänger bis zum Tauchlehrerniveau durch. Die Ausrüstung ist modern, internationale Sicherheitsvorschriften werden streng eingehalten. Das Baa-Atoll ist durch seinen Fischreichtum als Lebensraum von großen Manta-Rochen, Walhaien, Delfinen, verschiedenen Haiarten und Schildkröten bekannt.

In der unmittelbaren Umgebung von Sonevafushi liegen die zwei von Maledivern bewohnten Inseln **Eydhafushi** und **Mahlos**, zu denen regelmäßig Ausflüge angeboten werden. Während Mahlos ein ruhiges Fischerdorf mit nur etwa 450 Einwohnern ist, auf dem sich noch die traditionelle Lebensweise der maledivischen Bevölkerung beobachten lässt, bietet die lebhafte Insel Eydhafushi (2500 Einwohner), die Hauptstadt des Baa-Atolls, eine eher städtische Atmosphäre.

Tel. 23 03 04, Fax 23 03 74; www.six-senses.com, E-Mail: sonresa@sonevafushi.com.mv; Transfer: 45 Min. Wasserflugzeug, 112 km; 62 Zimmer; hohe Tauchpreise, mittlere Nebenkosten ★★★★

AmEx DINERS MASTER VISA

LHAVIYANI-ATOLL (FADIFFOLU)

E 6, S. 115

Kanuhura Resort & Spa M

E 5, S. 115

Die 2000 eröffnete Fünf-Sterne-Anlage befindet sich auf einer recht langen Insel (900 x 200 m), die dicht bewachsen ist. Sie bietet gehobenen Standard und Service. Die Villen mit privater Terrasse sind geschmackvoll eingerichtet und bis ins Detail gut ausgestattet mit Moskitonetz, Minibar, Telefon, Internet-Anschluss, Safe, Fernseher, Videogerät und Stereoanlage. Viele natürliche Materialien wurden hier verbaut, das Open-Air-Bad mit Außendusche und Badewanne ist groß und attraktiv. Die Suiten sind noch einen Touch exklusiver und luxuriöser.

Es gibt zwei Restaurants, Swimmingpool mit Poolbar, einen »Havana Club«, klimatisierte Discothek und Karaokeraum. Der Spa ist sehr ansprechend und bietet eine Vielzahl von Behandlungen an. Fitnesscenter, Aerobicraum, Tennis- und Squashplätze und ein Wassersportzentrum mit großem Angebot stehen den Gästen zur Verfügung. Besonders hervorzuheben ist der Kids-Club, wo ein professionelles Team dafür sorgt, dass Kindern zwischen 2 und 11 Jahren nie langweilig wird.

Die gut ausgerüstete Tauchbasis Sun Dive Center schult nach PADI-Richtlinien. Das Hausriff ist direkt betauchbar, und die Tauchplätze sind sehr schön mit Thilas, Steilwänden, Außenriff und Kanälen.

Tel. 23 00 44, Fax 23 00 33; www.kanuhura.com, E-Mail: info@kanuhura.com; Transfer: 40 Min. Wasserflugzeug, 126 km; 102 Zimmer und Suiten in individuellen Strand- und Wasservillen; hohe Tauchpreise, hohe Nebenkosten ★★★★ AmEx MASTER VISA

Komandoo Island Resort M M

E 6, S. 115

Es gibt viel Sand auf diesem lang gestreckten Eiland (100 x 500 m). Ein schönes Hausriff umgibt die gesamte Insel, Schnorcheln ist gut möglich. Die wunderschönen und sehr geschmackvoll und elegant eingerichteten, sechseckigen Holzbungalows mit Veranda liegen alle unmittelbar am zuckerweißen Strand. Sie sind alle identisch ausgestattet mit Stereoanlage samt CD-Player, Telefon, Kühlschrank und Open-Air-Bad. Alles ist neu, sauber und von guter Qualität. Die Atmosphäre auf der Insel ist locker und entspannt, die Gäste relaxen oder nehmen an den Land- (Volleyball und Badminton) und Wassersportaktivitäten teil. Windsurfen und Kajak sind inklusive, Katamarane können gemietet werden, es gibt auch Kurse. Täglich werden kostenlose Schnorchelfahrten auf die unbewohnte Insel **Kudadu** angeboten.

Genauso ansprechend wie die Bungalows präsentiert sich auch das Restaurant. Es hat einen Sandboden und wirkt nicht zu voll. Das Speisenangebot ist top, die Küche verwendet viele frische Zutaten, und alles wird appetitanregend dekoriert. Es gibt auch eine gemütliche Bar und einen Coffee Shop. Abends werden gelegentlich Diashows und Discos veranstaltet. Ausflüge zu anderen Inseln finden regelmäßig statt. Insgesamt zeichnet sich die Insel durch einen gehobenen Standard aus; es geht ruhig zu, und alles macht einen sehr guten Eindruck. Die Gäste, die eine interessante europäische Mischung darstellen, fühlen sich hier sehr wohl und kommen gerne wieder. Viele buchen ein All-inclusive-Paket. Im Spa kann man ein individuell zusammengestelltes Wellness-Programm genießen.

Die ProDivers-Tauchschule ist sehr

gut ausgestattet, bietet gute Betreuung und effizienten Service. 45 Tauchgründe werden angefahren, um PADI-Kurse aller Niveaus und Spezialkurse sowie Nitrox-Tauchen durchzuführen. Da die Insel in einem Kanal liegt, sieht man viele Großfische.
Tel. 23 10 10, Fax 23 10 11; www.komandoo.com, E-Mail: info@komandoo.com; Transfer: 40 Min. Wasserflugzeug, 4 Std. Schnellboot, 143 km; 45 Einzelbungalows; hohe Tauchpreise, geringe/mittlere Nebenkosten (je nach Buchung, auch all-inclusive)
★★ bis ★★★ AmEx MASTER VISA

Kuredu Island Resort

■ E 5, S. 115

Kuredu ist eine große Insel (1500 x 500 m) mit viel Action, vielen Gästen und vielfältigen Einrichtungen. Wer ruhige Tage in Abgeschiedenheit verbringen will, ist hier fehl am Platz. Vor allem junge Gäste, Singles und Familien fühlen sich hier wohl; die Bar ist belebt, im Restaurant ist es etwas eng. Beim attraktiven Swimmingpool gibt es noch eine Pizzeria und eine weitere Bar, ein kleineres Lokal mit asiatischer Küche sorgt für Abwechslung.

Der »Boulevard« bildet den Inselmittelpunkt: Hier flanieren die Gäste zwischen Boutiquen, Snackbars, Tauchschule, Fitnessraum mit Aerobicstudio, Krankenstation und Fernsehraum auf und ab. Am Ende liegt ein maledivisches Teehaus, das etliche lokale Spezialitäten anbietet. Es gibt hier sogar ein Konferenzzentrum mit Internetanschluss. Die Restaurants, Bars und Rezeption liegen unweit des Piers.

Die Zimmer reihen sich alle direkt am Strand; zum Teil sind sie nicht klimatisiert, und die Einrichtung ist schlicht – man sieht ihr die Jahre schon an. Das Badezimmer ist zwar open-air, aber dennoch unattraktiv, das Wasser aus dem Hahn vorm Bungalow ist nichts für empfindliche Nasen. Doch der Strand auf der Südseite ist herrlich – mit einer großen Lagune zum Schwimmen; auf der Nordseite wiederum, wo die noch einfacheren Standardzimmer liegen, ist er alles andere als schön.

Schnorcheln kann man am Hausriff (vom Ende des Piers aus). Es gibt auch eine Schnorchelschule, die viele Ausflüge organisiert, und eine Windsurf- und Segelschule. Tennis, Badminton, Volleyball und Fußball können ebenfalls gespielt werden, auch Katamaransegeln und Kajakfahrten sind beliebt. Verschiedene Exkursionen werden gerne genutzt, zum Entspannen geht man ins Wellness-Zentrum.

In der großen Tauchschule, die nach PADI-Methoden schult, ist immer viel los. 45 Tauchplätze werden regelmäßig angesteuert. Eine Vielzahl von Außenriffabhängen, Atollkanälen und Steilwänden sind darunter, wo sich viele Großfische tummeln. Das Abendprogramm ist reichhaltig (Disco, Diashow, Livemusik, Cabaret etc.). Viele Gäste haben all-inclusive gebucht, und so sind die Bars bis spät abends belebt.
Tel. 23 03 37, Fax 23 03 32; www.kuredu.com, E-Mail: info@kuredu.com; Transfer: 45 Min. Wasserflugzeug, 3–5 Std. Schnellboot, 143 km; 300 Zimmer in Einzelbungalows; mittlere Tauchpreise, geringe/mittlere Nebenkosten (je nach Buchung, auch all-inclusive)
★ bis ★★ AmEx MASTER VISA

Palm Beach Island (Madhiriguraidhoo)

■ E 6, S. 115

Die Anlage liegt auf einer großen, dreieckigen Insel, deren ursprünglicher Name übersetzt »Moskitoinsel« bedeutet. Man braucht für ihre Umrundung sage und schreibe zwei Stunden! Palm Beach wurde größtenteils natürlich belassen (und auch die Moskitos fühlen sich hier weiterhin wohl), die Einzelbungalows verschwinden in der Vegetation und liegen alle in Strandnähe; zum Restaurant muss man je nach Bungalowlage bis zu einigen hundert Meter zurücklegen. Bei dieser Größe wundert es nicht, dass auch ein paar Autos und Motorräder auf der Insel unterwegs sind. Der Sandstrand ist auf der Restaurantseite etwas grob und mit kleinen Korallenstücken durchsetzt; von benachbarten Inseln wird je nach Strömung auch immer wieder Müll angeschwemmt, den jedoch das Personal rasch beseitigt; an anderen Stellen ist er perfekt, und man findet problemlos eine ungestörte Ecke für sich allein. Das Hausriff kommt bis auf 15 m an die Insel heran, zum Schnorcheln eignet sich besonders der nordwestliche Bereich nahe der breiten Sandbank. Angenehm ist auch der Swimmingpool samt daneben liegender Bar.

Die Zimmer sind sehr schön und komfortabel mit Fernseher, Telefon und Open-Air-Bad eingerichtet. Die zehn Duplexvillen sind elegant und luxuriös – mit einem riesigen offenen Bad und Meerblick vom Schlafzimmerbett aus. Die Küche im hellen, geräumigen Restaurant ist gut und abwechslungsreich.

Ein Team von (meist italienischen) Animateuren kümmert sich um die Urlauber aus ganz Europa. Eine Vielzahl von Exkursionen werden angeboten, ebenso die sportlichen Aktivitäten Windsurfen, Kajak und Katamaran. Am Abend trifft man sich an der Bar, tanzt auf dem Sandstrand zu Disco- oder Livemusik oder genießt maledivische Kulturabende.

Die von Italienern geführte Tauchschule ist gut ausgerüstet und geräumig. Sie schult nach PADI-, CMS- und ACUC-Richtlinien bis zum Instructor-Niveau. An die 50 interessante Tauchplätze werden angefahren, an denen man meistens ganz allein ist; zwei Wracks, Thilas, Hai- und Mantapoint und vieles mehr sind darunter. Ein Arzt ist auf der Insel ansässig.

Tel. 23 00 84, Fax 23 00 94; www.palmbeachmaldives.com, E-Mail: palmbeach@dhivehinet.net.mv; Transfer: 35 Min. Wasserflugzeug, 3,5 Std. Speedboot, 125 km; 100 Einzelbungalows; mittlere Tauchpreise, geringe Nebenkosten (all-inclusive)

★★★ AmEx DINERS MASTER VISA

RAA-ATOLL (NORD MAALHOSMADULU)

C 5–6, S. 114

Meedhupparu Island Resort

C 5, S. 114

Die Anlage auf der Insel **Meedhupparu** verfügt über 214 geräumige Doppelbungalows und eine Suite. Es wurde viel Holz verwendet, und die Innenausstattung ist mit Mini-Bar, Telefon und Föhn bequem. Die meisten Gäste haben All-Inklusive-Pakete gebucht, und so ist es im Restaurant- und Barbereich bis spät belebt. Die große Zahl an italienischen Gästen nimmt auch gerne lautstark am Animationsprogramm oder Discoabend teil. Das Sport- und Ausflugsprogramm ist reichhaltig und schließt Windsurfen, Wasserski, Katamaransegeln, Kanu, Banana Boat, Tennis, Badminton, Aerobics und vieles mehr ein. Die Muskeln kann man außerdem im Fitnessraum trainieren. Taucher schwärmen von den guten Tauchgründen in der Nähe, allerdings kann man am Hausriff wegen Strömungen nicht schnorcheln.

Tel. 23 77 00, Fax 23 55 00; E-Mail: admin@meedhupparu.com.mv; Transfer: 35 Min. Wasserflugzeug, 131 km

★★★ AmEx MASTER VISA

Herrlich einsam, dabei aber modern und komfortabel sind die Ferienanlagen in den südlichen Atollen. Sie sind bequem mit dem Wasserflugzeug zu erreichen.

Die Resortinseln in den südlichen Atollen sind fast alle nagelneu und wurden erst in den letzten Jahren entwickelt. Früher konzentrierte sich der Tourismus auf das Malé- und das Ari-Atoll – höchstens ein Safariboot kam mal hierher, oder ein Tauchcamp wurde aufgeschlagen. Die Anlagen in den Atollen Meemu, Vaavu und Faafu sind sehr gut ausgestattet bis luxuriös. Auf den Inseln gibt es noch keine Korallenwälle, zum Schutz des Strandes. Die Hotels sind, was Umweltschutzmaßnahmen und -einrichtungen angeht, auf dem neuesten Stand.

Die Tauchplätze der Umgebung sind oft unberührt und wenig besucht, die Einheimischeninseln werden noch nicht von Souvenirgeschäften überschwemmt. Seien Sie deshalb bitte auch besonders sensibel, was die Kleiderordnung beim Besuch einheimischer Inseln betrifft, und respektieren Sie die Landessitten.

Eine außergewöhnliche Anlage ist das **Equator Village** auf **Gan**. Fünf Inseln sind hier durch Brücken miteinander verbunden, wodurch sich landestypische Dörfer besuchen und auch Gewohnheiten der Einheimischen besser beobachten lassen als anderswo.

Die südlichen Atolle bieten einsame Tauchgründe und ursprüngliche Nachbarinseln.

DHAALU-ATOLL (SÜD NILANDHOO-ATOLL)

■ B 13–C 14. S. 118

Velavaru Island Resort

■ C 13, S. 118

Die Anlage auf dem 400 x 160 m großen Eiland, dessen Name übersetzt »Schildkröte« bedeutet, ist ansprechend. Ein herrlicher Sandstrand umgibt die ganze Insel, bei Ebbe sind die Schwimmmöglichkeiten begrenzt. Die Bungalows haben ein Dach in Schildkrötenform, alle sind mit Palmblättern gedeckt. Die Zimmer sind geräumig und schön eingerichtet, alle haben Minibar und Telefon, die Strandbungalows auch ein Open-Air-Bad. Ein Schönheits- und Masssagesalon bietet Aryuveda-Behandlungen an. Das Freizeitangebot ist groß: Mit Windsurfen, Katamaransegeln, Wasserski, Tischtennis, Badminton und Beachvolleyball kommt so schnell keine Langeweile auf. Ausflüge führen auf benachbarte Inseln, zum Fischen und zu Picknicks.

Die Tauchschule steht unter schweizerischer Leitung. Die Tauchgebiete sind in diesem Atoll oft noch recht unberührt und unerforscht. Die Insel hat kein direkt zugängliches Hausriff, bietet aber kostenlose Schnorchelfahrten an.

Tel. 46 00 28, Fax 46 00 29; www.velavaru.com, E-Mail: info@velavaru.com.mv;Transfer: 45 Min. Wasserflugzeug, 143 km; 88 Zimmer in Doppel- und Wasserbungalows und zwei Suiten; mittlere/hohe Tauchpreise, mittlere Nebenkosten ★★ bis ★★★

AmEx | DINERS | MASTER | VISA

Vilu Reef Resort

■ C 13, S. 118

Die Insel **Meedhuffushi** wurde 1998 für den Tourismus erschlossen. Alle Gebäude und Einrichtungen sind neu und sauber. Die Rezeption, das Restaurant und die Bar sowie alle Bungalows sind in maledivischem Stil erbaut und mit Palmblättern gedeckt. Der attraktive Rundbau der Hauptbar erinnert, wie auch die Bungalows, an eine spiralförmige Muschel. Die Insel ist recht groß und dicht bewachsen. Die Gästemischung ist international, ebenso die Küche im Hauptrestaurant.

Die geschmackvollen Rundbungalows haben ein sehr schönes, großes Open-Air-Bad sowie einen separaten Gepäck- und Ankleideraum.

Neben der professionell ausgestatteten Tauchbasis gibt es Möglichkeiten zum Windsurfen, Katamaransegeln, Kanufahren, Wasserski, Jet Ski, Banana-Ride, Sportfischen, Badminton, Tennis, Beach-Volleyball, Tischtennis, Billard, Aerobic und Fitnessstudio. Am Abend wird ein buntes Unterhaltungsprogramm organisiert – manchmal mit maledivischer Kulturshow. Ausflüge werden bei genügend Interesse durchgeführt.

Das Hausriff ist auf der östlichen Seite der Insel nur 20 m entfernt. Hier kann man Schnorcheln und Tauchen. Nitrox-Tauchen wird angeboten, ebenso PADI-, NAUI- und CMAS-Kurse verschiedener Stufen.

Tel. 46 00 11, Fax 46 00 22; www.vilureef.com, E-Mail: info@vilureef.com.mv; Transfer: 45 Min. Wasserflugzeug, 3 Std. Speedboot, 146 km; 68 Zimmer; mittlere Tauchpreise, mittlere Nebenkosten ★★★

AmEx | DINERS | MASTER | VISA

FAAFU-ATOLL (NORD NILANDHOO-ATOLL)

■ B 12, S. 116

Filitheyo Island Resort

■ C 13, S. 118

Das Resort auf der 1000 x 500 m großen, dicht bewachsenen Insel bietet ruhigen Erholungsurlaub mit Schwerpunkt auf Tauchen in den unerforschten Gewässern dieses Atolls. Die Rezeption und das Restaurant mit vorzüglicher Küche sind großzügig angelegt, die Zimmerausstattung ist modern (Stereoanlage, Safe, Mini-Bar, Fernseher) und geschmackvoll mit viel Holz. Hinter der Sunsetbar befindet sich ein schön angelegter Swimmingpool.

Das Kursangebot in der Tauchschule umfasst PADI, VIT, CMAS, VDST, die Ausstattung ist hochmodern. Nitrox-Tauchen ist möglich. Das spektakuläre Hausriff eignet sich besonders gut zum Tauchen und Schnorcheln und liegt bis zu 100 m vom Strand entfernt. Baden ist in der flachen Lagune nur eingeschränkt möglich.

Tel. 46 00 25, Fax 46 00 24; www.aaa-resortsmaldives.com, E-Mail: fili@aaa.com.mv; Transfer: 45 Min. Wasserflugzeug, 120 km; 125 Zimmer in Einzel-, Doppel- und Wasserbungalows; hohe Tauchpreise, mittlere/hohe Nebenkosten ★★★ AmEx MASTER VISA

MEEMU-ATOLL (MULAKU) ■ E 13–14, S. 119

Hakuraa Club ■ E 14, S. 119

Diese Anlage mit origineller Architektur wurde 1999 auf der nur 350 x 100 m großen, halbmondförmigen **Hakuraa-Huraa-Insel** eröffnet. Die Bungalows ziehen sich an der Ostseite der Insel entlang und sind durch Holzstege miteinander verbunden; sie verfügen alle über eine Sonnenterrasse und haben direkten Zugang zur flachen Lagune (Vorsicht: viele Korallen!). Leider erkennt man bereits jetzt erste Abnutzungserscheinungen. Der Innenraum der kleinen Villen und das Bad sind geräumig und hell.

Alle Gäste der Insel haben das All-inclusive-Paket gebucht, welches sämtliche Mahlzeiten, Snacks, eine Auswahl an Getränken sowie Kanu und Windsurfen einschließt. Das Hausriff liegt 800 m vor der Insel, dorthin fahren zweimal täglich Dhonis; Schnorcheln kann man aber auch am Ende des 500 m langen Stegs, auf dem die Tauchschule liegt. Bei Ebbe bietet der Strand keine Schwimmgelegenheit. Die Bar ist am Abend recht belebt, und beim wöchentlichen Unterhaltungsprogramm schließt man leicht Kontakt zu anderen Gästen. Das Essen im Restaurant ist reichhaltig.

Ausflüge auf nahe gelegene Inseln oder zum Fischen sind beliebt, nachmittags trifft man sich zum Volleyballmatch am Strand.

Die Tauchschule steht unter deutscher Leitung. Ein Team von Tauchlehrern und Divemasters begleitet die Tauchfahrten zu 37 Revieren und führt PADI-Kurse bis zum Assistant-Instructor-Niveau durch.

Tel. 46 00 14, Fax 46 00 13; www.jkmaldivesresorts.com.mv/hakuraa, E-Mail: hakura@dhivehinet.net.mv; Transfer: 45 Min. Wasserflugzeug, 140 km; 70 Wasserbungalows, 10 Strandbungalows; mittlere Tauchpreise, geringe Nebenkosten (all-inclusive) ★★ bis ★★★ AmEx MASTER VISA

Medhufushi Island Resort ■ E 14, S. 119

Das Resort wurde im November 2000 mit 125 Zimmern, darunter 44 komfortablen Wasservillen, eröffnet. Alle Bungalows sind modern und geschmackvoll eingerichtet mit Minibar, Föhn, Telefon, Fernseher. Ein Swimmingpool, Massagezentrum, Tauchbasis und ein breites Sportangebot gehören zum Standard; abends ist ein Unterhaltungsprogramm angesagt. Beim Bau wurden natürliche Materialien verwendet und sehr aufs Detail geachtet. Das Essen im Haupt-

restaurant wird hoch gelobt, in einem Fitnesscenter können die Pfunde wieder abgearbeitet werden. Eine Surf- und Segelschule befindet sich auf der Insel, ebenso das Tauchzentrum, das PADI- und CMAS-Kurse in kleinen Gruppen anbietet. Nahebei viele Spitzentauchplätze.
Tel. 46 00 26, Fax 46 00 27; www.aaa-resortsmaldives.com, E-Mail: medhu@aaa.com.mv; Transfer: 45 Min. Wasserflugzeug, 143 km; 125 Zimmer

SEENU-ATOLL (ADDU) ■ D 24, S. 123

Equator Village ■ D 24, S. 123

Die früher unter dem Namen **Ocean Reef Club** bekannte Anlage auf der großen Insel **Gan** wurde 1999 komplett umgebaut. Da sie weit von Malé entfernt ist, gelangt man nur per Inlandsflug (Air Maldives) hierher.

Die Insel Gan ist untypisch für die Malediven, aber gerade deshalb auch besonders interessant. Werden sonst Hotelinseln und einheimische Fischerinseln streng getrennt, ist dies hier nicht möglich. Auf dem 5 x 3 km großen Eiland und den mit Gan über Brücken verbundenen fünf Nachbarinseln wohnen insgesamt 20 000 Menschen. Dadurch bieten sich einzigartige Einblicke in Kultur und Alltag der Malediver. Die Vegetation und Vogelwelt sind beeindruckend; es gibt sogar zwei Süßwasserseen und eine 15 km lange Lagune.

Die Reihenbungalows sind nett eingerichtet und klimatisiert. Ein Swimmingpool lädt zum erfrischenden Bad ein, am etwa 50 m entfernten Hausriff kann man schnorcheln. Ausflüge mit Boot oder auch per Bus werden organisiert, Fahrräder können geliehen werden.

Die hochgelobte Tauchbasis organisiert Ausflüge zu interessanten Tauchgründen und Wracks in der Umgebung, wo Sie mit Sicherheit keine Boote anderer Hotelinseln vorfinden werden. Die Riffe sind größtenteils intakt, da sie von der Korallenbleiche verschont blieben. PADI-Kurse verschiedener Stufen!
Tel. 58 80 19, Fax 58 80 20; E-Mail: kaimoo@dhivehinet.net.mv; Transfer: 75 Min. Flugzeug (max. 15 kg Gepäck), 480 km; 78 Zimmer; mittlere Tauchpreise, geringe Nebenkosten (all-inclusive)
★★ AmEx MASTER VISA

VAAVU-ATOLL (FELIDHOO) ■ D 11–F 12, S. 117

Dhiggiri Tourist Resort ■ E 11, S. 117

Im Resort, das gern von deutschsprachigen und italienischen Gästen besucht wird, herrscht eine gemütliche Atmosphäre. Die Zimmer und Wasserbungalows sind freundlich und praktisch eingerichtet und verfügen alle über eine kleine Terrasse zum Meer hinaus. Das Freizeitangebot ist überschaubar, hier herrscht noch das ursprüngliche, persönliche Flair der Malediven. Eine Tauchschule führt Kurse nach PADI durch und steuert zahlreiche wunderschöne Tauchreviere und einsame Riffe an. Am Hausriff vor der Insel findet man unzählige Arten von Fischen.
Tel. 45 05 93, Fax 45 05 92; E-Mail: mmtours@dhivehinet.net.mv; Transfer: 30 Min. Wasserflugzeug, 2 Std. Speedboot, 60 km; 45 Zimmer; mittlere Tauchpreise, mittlere Nebenkosten
★★ AmEx MASTER VISA

Weil Gan eine der größten Maledieninseln ist, findet man im Equator Village ganz leicht ein menschenleeres Plätzchen ...

Extra: Die Malediven mit Kindern

Die Malediver sind sehr kinderfreundlich und schenken den Kleinen immer ein Lächeln. Am Strand und am Pool des Hotels treffen sich die kleinen Gäste zum Planschen, Toben und Sandburgenbauen. Das warme Klima und das seichte, ruhige Wasser bieten ein angenehmes und gefahrenfreies Spielgelände. Wenn man mit den Beinen im Wasser baumelt, gleiten die bunten Fische oft zum Anfassen nah vorbei, außerdem kann man Strandkrabben beobachten und Puzzles aus Muscheln legen ... Auch die Kids sollten aber beim Spielen angehalten werden, keine Korallen aus dem Meer zu holen und die zarten Lebewesen im und ums Wasser zu respektieren. Vorsichtig sollte man natürlich auch mit der UV-Strahlung sein und immer wieder wasserfeste Sonnencremes mit hohem Lichtschutzfaktor auftragen. Ein Hut und Badeschuhe zum Schutz vor scharfen Korallen und anderem sind ebenfalls zu empfehlen.

Bunte Fische, Strand, Sonne, Muscheln und flaches, warmes Wasser – auf den Malediven braucht man keine Animateure, um Kinder bei Laune zu halten.

Trotz des idealen Umfelds trifft man in den meisten Hotels nur auf wenige Familien, was sicher mit der längeren Anreise und den eher hohen Preisen zusammenhängt. Hotelinseln mit einem großen Angebot an Ausflügen, Wassersportarten, Spielen und Unterhaltung eignen sich meist am besten für Familien-

Kinder am Strand: Für sie ist guter Sonnenschutz besonders wichtig.

ferien. Besonders genießen die kleinen Gäste sicher Bootstouren zum Fischen, Kanu- oder Bananaboot-Fahrten oder auch einen Segel- oder Surfkurs im ruhigen Wasser der Lagune. Schnorcheln ist erst ab etwa sieben Jahren zu empfehlen. In manchen Resorts gibt es Spielplätze und Kinderclubs. Kinderstühle, Babybetten, Babysitterservice auf Anfrage und spezielle Mahlzeiten bieten fast alle Hotels an.

Kinderfreundliche Resorts

Die zwei Anlagen des **Club Med** mit ihrem großen Unterhaltungs- und Animationsprogramm eignen sich besonders für Familien. In diesem großen Resort ist es einfach, Kontakt zu anderen Reisenden aufzunehmen, und ein Team von Animateuren sorgt dafür, dass keine Langeweile aufkommen kann. Hier ist also eher Aktivurlaub angesagt. Das All-inclusive-Konzept ermöglicht es den Gästen, viele Aktivitäten ohne Aufpreis auszuprobieren.

Zwar keine All-inclusive-Resorts, aber auch groß und lebhaft sind die Inseln **Holiday Island, Sun Island** (hier gibt es sogar einen Computerspielraum), **Full Moon, Fihalhohi** und **Kuredu. Kanifinolhu** und **Bandos** haben sogar einen eigenen Kinderclub, in dem neben Spielzeug Programme mit den Betreuern angeboten werden. Bedenken Sie allerdings, dass normalerweise alle Wassersport- und sonstigen Kurse oder Aktivitäten mit Kosten verbunden sind.

Für einen Urlaub mit Kindern empfiehlt sich daher tatsächlich ein All-inclusive-Hotel wie etwa das **Lily Beach** (→ S. 58), wo es ebenfalls einen Spielplatz gibt. Hier steht eine Vielzahl von Beschäftigungsmöglichkeiten ohne Aufpreis zur Verfügung.

! MERIAN-Tipp

Bubblemaker-Tauchkurs für Kinder Ein tolles Erlebnis ist für Kinder die Teilnahme an einem speziell für die kleinen Gäste konzipierten Tauchkurs. Im so genannten Bubblemaker-Kurs werden Kinder zwischen acht und zwölf Jahren in die Geheimnisse des richtigen Atmens und Bewegens unter Wasser eingeführt. Der Kurs dauert ein paar Stunden, wird unter strengen Sicherheitsvorkehrungen von erfahrenen Tauchlehrern durchgeführt und bietet jede Menge Spaß. Zuerst wird im Swimmingpool geübt – natürlich gefahrlos in sehr geringer Tiefe. Die Preise für den gesamten Kurs liegen bei etwa 110 US$.

Wasserratten finden hier alles, was ihr Herz begehrt. Wer Unterhaltung am Abend sucht, muss sicher gehen, das richtige Resort auszusuchen.

Die meisten Aktivitäten auf den Malediven drehen sich ums Wasser. Wer gerne schwimmt, schnorchelt, taucht, windsurft, mit dem Kajak herumpaddelt, mit dem Katamaran übers Wasser gleitet oder auch Wasserski oder Jet Ski fahren möchte, wird hier das Richtige finden. Neben dem Angebot an Wassersportarten befindet sich überall auch eine Tauchschule.

Detaillierte Informationen über die jeweils möglichen Sportarten finden Sie in den Informationen zu den einzelnen Hotels im Kapitel »Atolle und Inseln«.

Tauchen

1

Besonders bei Tauchern sind die Malediven schon seit 20 Jahren ein Geheimtipp. Die allgemeine Euphorie wurde durch das Phänomen der Korallenbleiche (→ S. 86) etwas eingedämmt, aber es gibt viel zu entdecken. Die Tauchschulen auf den Resortinseln sind sehr professionell, verfügen über modernstes Equipment und werden von Lehrern und Lehrerinnen mit langjähriger Erfahrung geleitet. Ein so genanntes Schnuppertauchen bietet erste Einblicke – weitere Tauchkurse nach den international anerkannten PADI, SSI und anderen Richtlinien werden laufend angeboten. Ein Open-Water-Kurs, der weiteres selbstständiges Tauchen ermöglicht,

Es muss ja nicht immer Tauchen oder Schnorcheln sein, auch Segler und Windsurfer kommen hier auf ihre Kosten.

dauert mindestens fünf Tage (→ S. 88).

Ihre **Schnorchelausrüstung** bringen Sie am besten von zu Hause mit (teure Leihgeräte!).

Ein besonders gutes Angebot an Wassersportarten und professioneller Ausrüstung haben die Inseln **Reethi Beach, Sun, Paradise, Holiday Island** und **Vilu Reef**. Wellenreiten kann man auf den Malediven nur an bestimmten Orten in der Zeit von März bis November. Bekannt für ihre Brandung sind die Inseln **Lohifushi, Tari Village** und **Kanifinolhu**.

Angeln

4 Angelausflüge werden oft in den frühen Morgenstunden oder am Spätnachmittag angeboten. Man fährt mit einer Dhoni ins etwas tiefere Wasser hinaus und fischt auf traditionelle Weise mit einer Angelleine, die ruhig ins Wasser gehalten wird.

Gefangene Speisefische können Sie ins Resort mitnehmen, wo sie Ihnen meist nach Wunsch zubereitet werden.

Hochseefischen

Diese Sportart wird nicht so häufig angeboten und ist vergleichsweise teuer, da man ein schnelles Boot und spezielle Ausrüstung braucht. Es lassen sich dabei aber leicht auch große Fische fangen, die allerdings nur markiert und dann wieder freigelassen werden. Die Hotelresorts Lohifushi, Bandos, Full Moon, Kurumba, Taj Coral Reef, Laguna Beach, Vilu Reef, Palm Beach, Athuruga, Hilton, Kanifinolhu, Kuramathi, Sun, Paradise, Nika, Baros, Four Seasons und Nakatchafushi bieten diese Aktivität an. Netzfischen ist auf den Malediven strikt verboten.

Spaß und Unterhaltung an Land

In vielen Hotels, meistens in den exklusiveren, findet man ein so genanntes »Massage Center« oder »Health and Beauty Spa«, also ein Schönheits- und Massagezentrum. Je nach Resort kann man wählen zwischen schwedischer, japanischer (arbeitet nur mit Druck, ohne Öle), thailändischer, ayurvedischer (indische Massageform mit Duft- und Heilölen) und indonesischer Massage. Häufig liegen die Massageorte im Freien oder in architektonisch schöner Umgebung, die Anwendung wird von beruhigender Musik begleitet. Resort mit Massagezentren tragen oft die Zusatzbezeichnung »Spa«. 8

Ein kostenloses, dabei aber sehr stimmungsvolles Urlaubshighlight ist eine Inselumrundung bei Sonnenaufgang mit anschließendem Bad im Meer – da werden auch ganz coole Typen zu Romantikern ... 9

Inselhopping ist auf den Malediven beliebt. Und Unterwassertouren gehören zum festen Programm – was man dazu braucht, gibt es vor Ort.

Das Wasserflugzeug bringt Hotelgäste bis zu einer Plattform in der Lagune, von dort werden die letzten Meter bis zum Resort per Boot zurückgelegt.

Faszinierende Unterwasserwelt

Faszinierend für Taucher und Schnorchler: der große Artenreichtum an Fischen, Korallen und Muscheln.

Die unvergesslichsten Stunden verbringt man auf den Malediven unter der Wasseroberfläche. Der Tourismus begann in den siebziger Jahren nach Veröffentlichungen von Unterwasseraufnahmen des Unterwasserfilmers Hans Hass. Der Korallengarten mit seinen einzigartigen Lebewesen und die unglaublichen Scharen bunter Fische sind tatsächlich atemberaubend schön. Sehr vieles wurde durch die im April und Mai 1998 weltweit in Äquatornähe aufgetretene Korallenbleiche zerstört, aber die Unterwasserflora und -fauna erholt sich langsam wieder, und trotz Panik machender Berichte und Fotos bleiben die Malediven für Fans des Lebens im Meer ein faszinierendes Tauchrevier. Einen Hauch von Abenteuer bieten Tauchgänge zu den Schiffswracks.

Korallensterben – Ursachen und Auswirkungen

Die globalen Klimaveränderungen, vor allem das Ansteigen der Wassertemperatur, sind auch an Korallen nicht spurlos vorübergegangen.

Mit Korallenbleiche wird ein Phänomen bezeichnet, welches gravierende Schäden an rund 80 Prozent der Korallenbestände herbeiführte. Aufgrund klimatischer Veränderungen lag die Wassertemperatur im Frühjahr 1998 fast drei Wochen lang 2 bis 3 °C höher als gewöhnlich – eine Tatsache, die dem Großteil der Stein- und Lederkorallen die Lebensgrundlage entriss, aber auch Weichkorallen, Anemonen und andere Unterwas-

Die Malediven sind ideal für Anfänger, die tauchen lernen wollen. Zahlreiche Tauchschulen bieten Lehrgänge an.

serlebewesen beschädigte. Korallen bestehen aus einer Kolonie von Lebewesen, so genannten Nesseltieren und Zooxanthellen, die in Symbiose zusammenleben. Viele der Zooxanthellen starben durch die erhöhten Wassertemperaturen und wurden von den Nesseltieren abgestoßen, welche in der Folge ebenfalls abstarben. Nur das weiße Kalkskelett der Koralle blieb übrig.

Heute sieht man die toten Korallen, die inzwischen durch Veralgung eine braun-graue Farbe angenommen haben, überall. Es ist ein trauriger Anblick – doch zwischen den Skeletten gedeiht mittlerweile wieder neues Leben. Weichkorallen erobern das neu gewonnene Gebiet, die Zahlen vor allem plankton- und algenfressender Fische und vieler Großfische haben zugenommen – und hier und da wachsen sogar Geweih- und Lederkorallen nach. Mit zunehmender Tiefe werden die Schäden geringer, ebenso sind die Folgen in strömungsstarken Gebieten weniger gravierend. Die Farbenpracht ist insgesamt weniger geworden, weshalb man nun auch die Fische leichter sieht, die ihren tarnenden Hintergrund verloren haben. Theorien darüber, dass ein ähnliches Phänomen über Jahrhunderte immer wieder vorkommt, haben sich als falsch erwiesen. Man kann tatsächlich nur hoffen, dass es in den nächsten Jahren nicht wieder zu sol chen extremen Bedingungen kommt.

Vor allem die Hausriffe und Riffdächer sind von der Korallenbleiche besonders betroffen.

Ein riesiges Aquarium

Tausende von Fischen aller Größen, Formen und Farben tummeln sich im Wasser des Indischen Ozeans. In der Zeit des Nordostmonsuns, von November bis März, ist das Wasser wunderbar klar und ruhig, während des Südwestmonsuns planktonreicher und bewegter. Die nährstoffreichen Strömungen in dieser Zeit von Mai bis August ziehen Großfische wie Walhaie und Mantas in rauen Mengen an. Seitdem der Fang von Meeresschildkröten und Haien verboten wurde, haben deren Zahlen stark zugenommen, und man begegnet diesen beeindruckenden, wunderschönen Geschöpfen häufig. Rochen, Napoleons, Barracudas, Einhornfische, Zackenbarsche, Muränen und andere Riff-

Nährstoffreiche Strömungen von Mai bis August ziehen viele Großfische wie Walhaie und Mantas an.

bewohner aller Farben, Größen und Arten sieht man das ganze Jahr über.

Die Atolle, Inseln und Riffe der Malediven wurden in Millionen von Jahren von Korallen geschaffen.

Das Wachstum der Korallen schützt die Inseln vor Zerstörung durch Wetter und Strömungen. Jahrelang wurden Teile der Riffe durch Menschen abgebaut, um Baumaterial zu erhalten oder um die Lagune einer Resortinsel für Touristen zu reinigen, die »ungestört« schwimmen wollten. Heute dürfen Korallenblöcke nicht mehr zum Bau benutzt werden, und es wird insgesamt vorsichtiger mit der Unterwasserwelt umgegangen. Bitte achten auch Sie darauf, nichts anzufassen, zu zerstören oder durch eine unkontrollierte Bewegung mit den Flossen zu beschädigen. Korallen sind sehr fragile Lebewesen, die nur sehr langsam wachsen und sich erholen, so dass jede Berührung fatal sein kann!

Korallen sind empfindliche Lebewesen: Bitte tragen Sie zu ihrem Erhalt bei, indem Sie sie nicht berühren!

Auf Unterwassersafari

Versäumen Sie es auf keinen Fall, die einmalige Unterwasserwelt der Malediven zu erforschen: Oft reichen schon Schnorchel, Taucherbrille und 3 Flossen für die Expedition in eine andere Welt. Bei Sonnenschein kommen auch die Farben und Formen unter Wasser besser zur Geltung – tragen Sie aber unbedingt ein T-Shirt gegen Sonnenbrand.

Jede Resortinsel hat eine Tauchbasis, zu der man vom Bungalow aus nur wenige Meter gehen muss. Diese bieten Kurse ab Anfängerniveau an, 1 Tauchfreaks können ihre Kenntnisse vertiefen und weitere Specials (oft bis zum Dive Master oder Instructor, Strömungstauchen, Wrackstauchen und vieles mehr) belegen. Wer mit eigener Ausrüstung anreist, kann auf den meisten Inseln ein »Package« für eine unbegrenzte Anzahl von Tauchgängen, also ein Non-limit-Tauchen, absprechen.

Tauchschulen stellen in der Regel Fachbücher zur Verfügung, mit Hilfe derer Sie Fische und Korallen bestimmen können.

Alle Tauchschulen verfügen über einen Trockenraum, Sauerstoffversorgung, Tauch-Dhonis, die Sie zu den besten Tauchplätzen fahren, Schulungsräume, Ausrüstungsverleih, Bücher und andere Informationen über das Leben am Riff und in der

Tiefe. Non-Limit-Tauchen wird fast überall angeboten, wo ein Hausriff direkt zugänglich ist. Die Kurse nach den Richtlinien von PADI, SSI, CMAS, NAUI, VIT, VDST, ACUC werden in mehreren Sprachen, immer aber auf Englisch und Deutsch, durchgeführt. Die Sauerstoffflaschen und Teile der Ausrüstung werden von Mitarbeitern aufs Boot gebracht. Fast überall muss mit Computer-Equipment getaucht werden, eine Versicherung (DAN) ist immer im Kurspreis enthalten. Erfahrene Taucher sollten auf jeden Fall ihr Logbuch, Zertifikat (Brevet) und ein medizinisches Attest über die Tauchtauglichkeit mitbringen. Tauchgänge sind auf den Malediven bis 30 Meter Tiefe (Kinder unter 16 Jahren bis max. 21 Meter) erlaubt – eine Größenordnung, in der es viel Faszinierendes zu entdecken gibt. Lassen Sie sich von dieser einmaligen Welt verführen – es ist schöner und leichter, als Sie denken!

Nachttauchen am Hausriff: Im Dunkeln sehen Taucher mit Hilfe von Lampen Meereslebewesen, die sich tagsüber verstecken – ein faszinierendes Erlebnis.

Die auf S. 102 angegebenen Preisklassen fürs Tauchen sollen als Richtlinie für Kosten in den verschiedenen Tauchschulen gelten. Sie wurde auf der Basis der Preise pro Person und Kurs für einen fünftägigen PADI Open-Water-Diver-Kurs (14 Lektionen, 5 Theorieeinheiten sowie Lehrmaterial) inklusive Zertifikat, aber zuzüglich Bootsfahrten erstellt.

Ein Erlebnis ist die Begegnung mit einem Manta. Doch sie werden nicht gern berührt oder von den Luftblasen der Taucher gekitzelt.

Inselhüpfen mit dem Safariboot

Der Traum vieler Touristen: auf einem bequemen Schoner durch das Inselparadies kreuzen und verschiedene Atolle und Tauchplätze kennen lernen – auf einem Safariboot wird er wahr!

2

In der Regel steuern Safariboote nur Atolle und Inseln an, die bereits mit dem Tourismus in Kontakt gekommen sind.

Safari – so nennt man auf den Malediven eine Kreuzfahrt durch die Atolle. Besonders Taucher finden diese Reiseart sehr ansprechend, aber auch Badetouristen und Bootsfans kommen auf ihre Kosten. Besonders beliebt ist die Kombination von einer Woche Aufenthalt Safaribootfahrt und einer Woche auf einer Badeinsel, die man über Reiseveranstalter buchen kann.

Bunte Boote in allen Größen

Tauchkreuzfahrten werden meist von einem Tauchführer begleitet. Trotzdem sollten sich nur erfahrene Taucher in unbekannte Reviere wagen.

Um die 100 Safariboote kreuzen zwischen den Malediveninseln – und ständig kommen neue hinzu. Ein Blick in den Safariboothafen in Malé ermöglicht Einblicke in die Vielfalt des Angebots. Jedes Boot ist verschieden in Größe und Komfort und bietet eine andere Route, Ausstattung, Service und Atmosphäre. Auch das Preis-Leistungs-Verhältnis ist sehr unterschiedlich. Kleine, einfache Boote haben sechs Kajüten in engen Kabinen und einen gemeinsamen Essbereich. Große Boote

Entspannung und Erholung pur: Auf einem Safariboot ist Stress ein Fremdwort.

können bis zu 40 Passagiere unterbringen und erinnern an Kreuzfahrtschiffe. Sie bieten angenehmen Komfort mit Klimaanlage, geräumige Kabinen mit eigenem separaten Bad, Telefon und Fernseher, Minibar, Restaurant, Jacuzzi und Abendunterhaltung. Auch das Publikum kann sehr unterschiedlich sein und aus reinen Tauchergruppen, Passagieren einer Nationalität oder ruhesuchenden Kreuzfahrtgästen bestehen. Wenn Sie eine Gruppe von Leuten zusammentrommeln können, mit denen Sie ähnliche Interessen teilen, lohnt es sich, die Veranstalter zu kontaktieren und ein eigenes Boot zu chartern.

Eine Safari ist nichts für Einzelgänger: Ein Boot bietet nur wenig Möglichkeiten zum Rückzug.

Die Reiserouten sind immer wetterabhängig und leicht variabel, sie hängen natürlich auch von der Länge der Schiffsreise ab. Normalerweise ist die Vollverpflegung im Preis inbegriffen, wobei Getränke und je nach Veranstalter auch die Tauchgänge separat bezahlt werden müssen.

Die Qualität und Auswahl des Essens ist ebenfalls unterschiedlich, aber im Allgemeinen recht gut; meistens gibt es ein festes Menü, und Fisch steht natürlich oft auf der Speisekarte.

Unter dem Stichwort »Ausflugsschiffe« (→ S. 96) sind einige besonders schöne und aus Europa leicht buchbare Safariboote und Veranstalter genannt. Eine ausführlichere Liste und Prospektmaterial erhalten Sie auf Anfrage über das Fremdenverkehrsamt der Malediven in Frankfurt (→ Auskunft S. 96).

Eine Tour mit dem Safariboot lässt sich bereits von zu Hause aus buchen.

Zwischendurch mal abtauchen: Unter Wasser tummeln sich farbenprächtige Fische.

Individualtrips sind auf den Malediven zwar kaum möglich, aber einige Infos vom Feiern über Verkehr bis zu Verhaltenstipps dennoch notwendig.

Das typische Boot der Malediven ist die Dhoni, sie ist zwischen zwölf und fünfzehn Meter lang und hat nur geringen Tiefgang.

Die Malediven von A–Z

Anreise und Ankunft

Eines vorweg: Seien Sie nicht beunruhigt, wenn kein Land in Sicht ist und Sie den Eindruck haben, dass das Flugzeug auf dem Wasser landen wird: Der Flughafen befindet sich auf einer Insel, die mit 2840 m genau so lang wie die Landebahn ist! Fast alle Besucher der Malediven kommen mit dem Flugzeug auf dem internationalen Airport **Hulhule** auf einer Nachbarinsel der Hauptstadt Malé an. Die Flughafeninsel wurde durch Landgewinnungsprojekte mehrfach erweitert, um immer größeren Flugzeugen Landemöglichkeit zu geben und um die nötigen Verwaltungs- und Funktionsgebäude unterzubringen. Ansonsten ist die Insel nicht sehr attraktiv. Im Sommer 2000 ist ein Transferhotel auf Hulhule mit 88 Zimmern eröffnet worden (Tel. 33 08 88, Fax 33 07 77; E-Mail: sales@hih.com.mv AmEx MASTER VISA) – praktisch für Passagiere, die nachts an- oder abreisen. Den Wasserflugzeugen, die Transfers auf entlegenere Inseln durchführen, ist es nämlich nicht gestattet, bei Dunkelheit zu starten oder zu landen. Die Terminals der Wasserflugzeuge liegen alle auf der Ostseite der Flughafeninsel, wohin man Sie mit einem Bus bringt.

Von Europa aus steuern viele Fluggesellschaften die Malediven an. Aus Deutschland fliegen LTU und Condor mehrmals wöchentlich von verschiedenen Flughäfen aus nach Malé. Austrian Airlines bietet eine Verbindung über Dubai von Wien, Balair, Aeris und Edelweiss-Air fliegen ab Zürich oder Basel. Die Linienfluggesellschaft Sri Lankan Airlines steuert ab Frankfurt über Colombo den **Malé International Airport** an, mit Emirates reist man auch über Dubai – eventuell interessante Stop-over-Möglichkeiten. Auch Air Maldives, Air Europe, Qatar (ab Wien), Monarch Airlines, Lauda Air, Singapore Airlines und andere fliegen nach Malé. Ein Direktflug ab Frankfurt dauert rund elf Stunden. Über Stop-over-

Wer »seine« Insel mit dem Wasserflugzeug ansteuert, hat unvergessliche Erinnerungen im Urlaubsgepäck.

Möglichkeiten, Preise und Bedingungen informiert Sie das Reisebüro.

Der Airport Hulhule ist klein und übersichtlich. Schon im Flugzeug erhalten Sie eine Einreisekarte, auf der Sie auch Ihr Hotel angeben müssen. Sollten Sie nichts gebucht haben, tragen Sie den Namen des Hotels ein, in dem Sie voraussichtlich absteigen werden. Vergessen Sie nicht Ihren gültigen Reisepass – und bedenken Sie, dass die Einfuhr von Alkohol, pornografischem Material (wozu auch Fotos barbusiger Frauen in Illustrierten zählen!), Drogen, Hunden und Waffen streng verboten ist. Alle Gäste bekommen bei der Einreise ein 30 Tage gültiges Touristenvisum in den Pass gestempelt. Nach der Passkontrolle wird man in der Empfangshalle von Vertretern der verschiedenen Reiseveranstalter empfangen, die sich um die nötigen Transfers und um Formalitäten wie die Rückbestätigung des Fluges kümmern. Die meisten Resorts, Veranstalter und Inlandsfluggesellschaften haben hier einen kleinen Stand – Sie werden also ohne Probleme Ihren Ansprechpartner finden. In der Flughafenhalle befindet sich auch ein Schalter der Bank of Maldives für Geldumtausch, eine Post, Souvenirgeschäft, Blumenladen, Snackbar und Restaurant.

Sehr wenige Touristen kommen ohne vorherige Buchung auf die Malediven; für sie gibt es im Ankunftsbereich viele Informationsmöglichkeiten. Allerdings ist es auch möglich, mit einer Dhoni nach Malé überzusetzen (→ S. 108) und sich erst einmal dort ein Zimmer zu suchen.

Vom Flughafen zur Urlaubsinsel

Der Transfer vom internationalen Flughafen zum Urlaubsresort erfolgt je nach Lage der Insel, Buchung und Reiseveranstalter per Schiff oder Wasserflugzeug. 1999 wurde erneut versucht, Helikoptertransfers einzuführen, dann aber doch wieder davon abgesehen – vorläufig. Alle Inseln im Nord- und Süd-Malé-Atoll führen ihre Transfers im Allgemeinen mit Booten durch, wobei die Überfahrt je nach Art des Bootes unterschiedlich lang dauern kann. Einheimische Boote, so genannte Dhonis, brauchen oft mehrere Stunden für eine Strecke, die mit einem Schnellboot in 20 Minuten bis einer halben Stunde durchgeführt werden kann. Die See ist meist ruhig, und in der Sonne vergeht die Zeit recht schnell – vergessen Sie nicht, Sonnencreme und Shorts ins Handgepäck zu stecken.

Resorts im Ari-Atoll oder in noch weiter entfernten Atollen arrangieren ihre Transfers meist per Wasserflugzeug, wobei sich tolle Blicke aus der Luft bieten. Achten Sie bei Ihrer Buchung unbedingt auf die Art des Transfers: Manche entlegeneren Inseln führen aus Kostengründen oft Transfers per Boot durch – gegen Aufpreis kann oft eine schnellere Variante gewählt werden.

Die Wasserflugzeuge sind übrigens ein sehr sicheres Verkehrsmittel. Sie landen in der Regel auf einer Plattform in der Nähe der Insel, von der aus die Gäste per Boot die letzten paar Meter zum Resort zurücklegen. Um Ihr Gepäck brauchen Sie sich nach Verlassen der internationalen Ankunftshalle am Flughafen nicht mehr zu kümmern – es wird alles für Sie direkt bis ins Zimmer gebracht.

Eine regelmäßige Verbindung befördert Gäste des Equator Village Hotels und Einheimische nach Gan im Seenu-Atoll.

Fluginformation

Malé International Airport, Tel. 32 20 73

Fluggesellschaften

Air Maldives, Tel. 31 09 17, 32 22 13
Austrian Airlines, Tel. 31 46 23

Balair
Tel. 31 48 09
Condor
Tel. 32 36 12
Emirates
Tel. 31 49 45
LTU
Tel. 32 32 03
Sri Lankan Airlines
Tel. 32 34 59

Flughafensteuer
Bei der Abreise von den Malediven ist eine **Flughafensteuer** zur Zeit in Höhe von 10 US$ zu entrichten. Bei Pauschalreisen ist diese Steuer in der Regel im Reisepreis enthalten.

Auskunft

In Deutschland
Fremdenverkehrsamt der Malediven
Münchener Str. 48, 60329 Frankfurt/M.; Tel. 0 69/27 40 44 20, Fax 27 40 44 22; E-Mail: maldivesinfo.ffm@t-online.de

Auf den Malediven
Maldives Tourism Promotion Board
Boduthakurufaanu Magu, Malé; Tel. 9 60/32 32 28, Fax 32 32 29; www.visitmaldives.com, E-Mail: mtpb@visitmaldives.com.;
Weitere Auskünfte erhält man bei www.malediven.net, www.maledivenforum.de oder bei www.bti-net.com/malediven sowie auf den Internetseiten der einzelnen Hotels und der Reiseveranstalter.

Ausflugsschiffe

Atoll Explorer
Großes Kreuzfahrtschiff, 20 Kabinen (12 mit Fenstern, 8 mit Balkon), Klimaanlage, Jacuzzi, Tauchbasis (Eurodivers).
Universal Enterprises, Malé; Tel. 32 30 80, Fax. 32 26 78; www.unisurf.com, E-Mail: sales@unisurf.com

Barutheela
25 Meter langer historischer Motorsegler, ein »Piratenschiff« mit moderner Ausstattung, 6 Doppelkabinen, Klimaanlage, gut ausgerüstete Tauchbasis (Eurodivers).
Nino Holm, Graz, Austria; Tel. 00 43/16 81 01 49, Fax 16 81 25 89; www.barutheela.com, E-Mail: info@baru-maldives.com

Goma
22-Meter-Segelyacht, 4 Doppelkabinen, Klimaanlage, Tauchausrüstungsverleih.
Champa Brothers, Malé; Tel. 31 41 49, Fax 31 41 50; E-Mail: meeru@dhivehinet.net.mv

Green Peace
16 Meter lange Yacht-Dhoni, 6 Betten in Gemeinschaftskabine, Schnorchelausrüstung und Angelleinen.
Voyages Maldives Pty Ltd; Tel. 32 20 19, Fax 32 53 36; E-Mail: voyages@dhivehinet.net.mv

Hammerhead I und II
28- und 34-Meter-Motoryachten, 5 Doppelkabinen, Platz für 12–16 Personen, Beiboote mit Außenmotor.
Lobster Tours, München; Tel. 0 89/87 04 03, Fax 87 04 46

Iruvai
19-Meter-Segelyacht, 4 Doppelkabinen, moderne elektronische Ausstattung, gut ausgerüstete Tauchbasis.
Henri Schongut, Antwerpen; Tel. 00 32/33 04 18, Fax 00 32/32 98 87; www.sacharter.com, E-Mail: iruvai@maldiveislands.com

Island Explorer
84-Meter-Kreuzfahrtschiff, Kapazitäten für 146 Gäste, 75 Zimmer verschiedener Kategorien, Klimaanlage, Swimmingpool, Eurodivers-Tauchbasis.
Universal Enterprises, Malé; Tel. 32 30 80, Fax 32 26 78; www.unisurf.com, E-Mail: sales@unisurf.com

Kamana I und II
28-Meter-Zweimastsegler, 7 Doppelkabinen, Klimaanlage, gut ausgerüstete Tauchbasis, Gerätedhoni.
Tel. 32 74 38, Fax 31 36 04;
E-Mail: eslire@dhivehinet.net.mv

Niru
16,3-Meter-Yachtdhoni, 2 Doppelkabinen, 1 Vierbettkabine, Tauchbasis.
Tauchsport Hein, München;
Tel. 0 89/74 79 33 11, Fax 0 89/76 70 21 31;
www.tauchsport-hein.de,
E-Mail: tauchsport-hein@t-online.de

Ocean Paradise
74-Meter-Kreuzfahrtschiff, 50 Kabinen verschiedener Kategorien auf drei Etagen, modern ausgestattet, Tauchdhoni.
Travelin Maldives, Malé;
Tel. 31 77 17, Fax 31 49 77;
E-Mail: travelin@dhivehinet.net.mv

Pollux
50-Meter-Motorschiff, 8 Außenkabinen mit Frischluftventilation und drei Innenkabinen mit Klimaanlage, in vier Kategorien aufgeteilt, Tauchbasis, auch für Nicht-Taucher.
- Tropical Seas Tauchreisen, Österreich, Tel. 0 42 55/21 98, Fax 21 90
- Sun and Fun, München; Tel. 0 89/38 01 42, Fax 34 66 44
- SubAqua, München; Tel. 0 89/32 37 98 88, Fax 32 37 96 11

Sea Pleasure
18-Meter-Yachtdhoni, 4 Doppelkabinen, modern ausgestattet, Tauchdhoni.
Tel. 31 61 72, Fax 31 67 83; E-Mail: seaexplo@dhivehinet.net.mv

Diplomatische Vertretungen

Auf den Malediven
Honorarkonsulat der Bundesrepublik Deutschland und von Österreich
Universal Enterprises Private Limited
38 Orchid Magu, ■ c 2, Klappe hinten
Malé; Tel. 9 60/32 29 71, 32 35 12,
Fax 32 26 78, 32 02 74

In Deutschland
Honorarkonsulat der Malediven
Immanuel-Kant-Str. 16, 61350 Bad Homburg; Tel. 0 61 72/8 62 93, Fax 86 78 33

In Österreich
Honorarkonsulat der Malediven
Weimarer Str. 104, 1190 Wien;
Tel. 01/3 69 66 44 01, Fax 3 68 98 27

Einkaufen

Auf großartige Einkaufserlebnisse und gemütliches Schlendern entlang von Ladenzeilen muss man auf den Malediven verzichten – sie sind ein teures Pflaster und alles andere als ein Shopping-Paradies. Auf den Hotelinseln gibt es jeweils ein oder zwei kleine Geschäfte mit Souvenirs, Sonnenschutzmitteln, T-Shirts, Schmuck, Büchern, Karten, Filmen und Dingen, die man leicht zu Hause vergisst – die Preise dafür sind allerdings gesalzen, und die Auswahl ist begrenzt.

Sie sollten während Ihres Aufenthalts möglichst einmal eine Fischerinsel besuchen – in den dort vorhandenen Souvenirläden ist zumindest die Auswahl größer, und oft sind die Preise etwas günstiger. Ansonsten eignet sich vor allem ein Ausflug nach **Malé** zum Shoppen (→ S. 22). Hier ist ein Bummel in den frühen Abendstunden besonders angenehm, wenn die Hitze, die sich tagsüber in den Straßen staut, langsam abnimmt und das Straßenbild lebhafter wird.

Die Geschäfte haben oft bis 20 Uhr oder länger geöffnet; die Zeiten variieren aber, und während der Gebetszeiten werden auf jeden Fall die Türen geschlossen. Über die Preise lässt sich häufig etwas verhandeln. Besonders interessant ist der Besuch des Obst- und Gemüsemarktes, auf dem Sie tolle Gewürze, Gewürzmischungen und andere Mitbringsel finden, und des Fischmarktes, der ab 16 Uhr auflebt. Auf Letzterem werden Sie allerdings eher Gerüche und Eindrücke vieler Art aufnehmen als Ihre Einkaufstasche mit Waren füllen. Und Sie werden feststellen, dass in den Markthallen fast nur Männer einkaufen, die sich in maledivischen Familien traditionell um die Versorgung des Haushalts samt Lebensmittelvorrat kümmern.

! MERIAN-Tipp

Hochzeitsfeier auf den Malediven Viele Flitterwöchler kommen in die tropische Inselwelt, um hier romantische Wochen zu verbringen. Doch warum nicht die Hochzeit auf maledivische Art nachfeiern? Einige Hotels bieten ein solches Spektakel an, bei dem es sehr festlich zugeht. Der Bräutigam kommt mit einer Dhoni angefahren, die Eheleute werden in traditionelle Gewänder eingekleidet, und natürlich gibt es ein Fest mit gutem Essen, Musik, Tanz und vielem mehr. Offiziell kann man sich dabei nicht trauen lassen, aber das Erlebnis ist einmalig. Hochzeiten kann man u. a. auf Makunudu, Palm Beach und Lhohifushi feiern (rechtzeitig anmelden!).

Finger weg von Souvenirs aus dem Meer!

Leider sieht man in vielen Geschäften immer noch ein paar Artikel aus dem Meer – etwa Haifischgebisse oder Korallenketten – herumliegen. Der Kauf und die Ausfuhr jeglicher Güter aus den Tiefen des Ozeans sind jedoch streng verboten, und Sie sollten nicht nur deshalb auf den Kauf dieser Geschmacklosigkeiten verzichten. Selbst am Strand gesammelte Muscheln oder Sand dürfen das Land nicht verlassen – die Kontrollen sind streng!

Viele Korallenarten sind bedroht, und gerade nach der katastrophalen Korallenbleiche von 1998 (→ S. 86) müsste klar sein, dass jedes Unterwasserlebewesen Teil eines fragilen Ökosystems ist und deshalb an seinem Platz bleiben sollte.

Vielfach wurden die Souvenirs aus dem Meer inzwischen durch bunt bemalte Holzfische, mit maritimen Motiven bedruckte Kleidung und ähnliche – meist importierte – Waren ersetzt. Wer gerne ein von Hand gemachtes, lokales Mitbringsel erwerben möchte, muss tiefer in den Geldbeutel greifen und vor allem genauer suchen. Der Kauf von wunderschönen Lackarbeiten, aus Holz gedrechselten Dosen, handgewebten Binsen- oder Kokosmatten, **thudu kuna** genannt, oder von Gefäßen aus Kokosnüssen lohnt sich aber durchaus. Diese Gegenstände sind von hochwertiger Qualität und werden in mühsamer Handarbeit auf den Inseln gefertigt. Ein beliebtes Mitbringsel sind auch die zusammengesteckten kleinen Dhonimodelle aus dem Holz der Kokospalme, und auch CDs mit landestypischer Bodu-Beru-Musik, bunte Briefmarken oder Münzsammlungen erfreuen sich großer Beliebtheit. In den letzten Jahren wurden auch einige sehr schöne Bildbände über die Malediven publiziert, die unvergessliche Stimmungen und Urlaubserinnerungen festhalten.

In einigen Geschäften Malés, auf den Einheimischeninseln und teilweise auch in den Souvenirboutiquen der Hotels kann man sich sein ganz persönliches T-Shirt bedrucken lassen.

Im Flughafen befindet sich ein weiterer Souvenirladen. Vor dem Rückflug nach Europa können Sie im Transferbereich noch einmal zollfrei einkaufen.

Feiertage

Der Freitag ist arbeitsfrei, die Geschäfte sind geschlossen. Die Feiertage auf den Malediven richten sich nach dem islamischen Kalender, dessen Daten sich bekanntlich von Jahr zu Jahr ändern (→ S. 100).

Folgende Feiertage sind festgelegt:

1./2. Jan.	Neujahr
26./27. Juli	Unabhängigkeitstag
3. Nov.	Tag des Sieges (Nationalfeiertag)
11./12. Nov.	Tag der Republik.

Feste, Feiertage und Kultur

Wie Palmen und Büsche über die archäologischen Relikte der vor-islamischen Zeit gewachsen sind, die übrigens erst in den Anfängen des 20. Jh. entdeckt wurden, so bekommt der Tourist auf seiner Ferieninsel von den Festen, heimischen Gewohnheiten und der Kultur nicht viel mit. Die Souvenirläden sind auch am eigentlich arbeitsfreien Freitag geöffnet, das Personal kümmert sich täglich um das Wohl der Gäste, und selbst der wichtige Fastenmonat **Ramadan** bleibt meist unbemerkt. Dabei gibt es im islamischen Kalender viele Feiertage und Feste; allerdings werden sie oftmals eher ruhig im privaten Rahmen begangen.

Auf einigen Hotelinseln können Gäste bei einer Abendveranstaltung den Bodu Beru kennen lernen. Der Tanz zum Trommelrhythmus wird ausschließlich von Männern zelebriert.

Islamische Festtage
Am ersten Tag des ersten islamischen Monats feiern die Malediver das Neujahrsfest **Muharram**. Sie besuchen Freunde und Verwandte und wünschen Glück und Erfolg. Drei Monate später, am zwölften Tag des dritten islamischen Monats, wird **Rabeeul Avval**, der Geburtstag des Propheten, mit einem festlichen Essen gefeiert. Den größten Einfluss auf den Alltag der Malediver hat der Fastenmonat **Ramadan**, der den ganzen neunten Monat des islamischen Kalenders umfasst. In dieser Zeit wird von Sonnenauf- bis Sonnenuntergang gefastet. Nur schwangere Frauen, Kranke, Reisende und Kinder unterliegen nicht dieser für jeden Gläubigen wichtigen Pflicht. Auch auf Flüssigkeitsaufnahme tagsüber, Genussmittel und Sex wird verzichtet. Das Ende des Ramadan wird mit einem dreitägigen Fest begangen. Mindestens einmal in seinem Leben sollte jeder Moslem nach Mekka pilgern; die Abfahrt zur großen Wallfahrt **Hadsch** wird dann vier Tage lang, vom neunten bis zwölften Tag des zwölften islamischen Monats, groß gefeiert.

Am 17. Dezember gedenkt man des Sieges über die portugiesischen Besetzer aus dem Jahre 1573. In Malé und auf manchen Einheimischeninseln finden offizielle Feiern mit Ansprachen, Militärparaden und traditionellen Tänzen statt. Ein wichtiges Familienfest ist die Beschneidung der sechs- bis siebenjährigen Jungen, während Hochzeiten zwar sehr festlich, aber in weniger großem Rahmen gefeiert werden. Dagegen sind Totenfeiern sehr bedeutend und dauern oft über eine Woche, in der gebetet und Zeremonien abgehalten werden.

Tanz- und Musikvorführungen
Mit etwas Glück können Sie eine Präsentation traditioneller Tänze und Musik in Ihrem Resort miterleben. **Bodu Beru** heißt der Tanz zur großen Trommel, der nur von Männern zelebriert wird. Die aus Palmholz gefertigten Trommeln werden mit der flachen Hand geschlagen – im Rhythmus mit der Stimme des Vorsängers, dessen Verse von den anderen Sängern wiederholt werden. Die Gesichter der Tänzer verzerren sich zu immer groteskeren Fratzen, während die Männer sich in eine Art Ekstase hineintanzen.

Fernsehen

Auf fast allen Hotelinseln kann man fernsehen, entweder im eigenen Zimmer bzw. Bungalow oder in einem extra dafür vorgesehenen Raum. Meistens steht ein Satellitenprogramm zur Verfügung, so dass neben dem staatlichen Fernsehen TV Maldives (das nur um 21 Uhr Nachrichten auf Englisch sendet) auch internationale Sender wie BBC, CNN und Deutsche Welle TV empfangen werden können. Meistens gibt es dann noch eine Vielzahl von Sendern aus Indien und Sri Lanka, die vor allem Hindi-Tanzfilme zeigen.

FKK

FKK und Oben-ohne-Baden ist auf den Malediven überall streng verboten, bei Missachtung drohen hohe Geldstrafen und Landesverweise.

Fotografieren

Ihren Fotoapparat und die Videokamera sollten Sie auf keinen Fall zu Hause vergessen – und am besten auch ausreichendes Filmmaterial und Reservebatterien mitbringen. Man kann auf den Malediven zwar Filme kaufen, aber die Preise sind (besonders in den Hotelboutiquen) sehr hoch, und die Qualität lässt mangels sachgerechter Lagerung oft zu wünschen übrig. Besonders lichtempfindliche Filme, APS- oder Diafilme sowie Spezialbatterien für Fotoapparate können schwierig zu finden sein, oder es gibt sie gar nicht. 100-ASA-Filme reichen für Fotos bei Tageslicht, der Gebrauch von Filtern bringt Farben und Kontraste der faszinierenden Landschaft besser heraus. Einweg-Unterwasserkameras sind vor Ort erhältlich, doch ebenfalls in Deutschland günstiger. Schon die einfachen Fotoapparate ermöglichen akzeptable Unterwasseraufnahmen, auch wenn die Realität natürlich viel schöner ist. Wer gerne anspruchsvoller unter Wasser fotografieren möchte, kann sich in der Tauchschule des jeweiligen Resorts eine professionelle Kamera ausleihen, ein eigener Film muss mitgebracht werden. Manchmal gibt es dort auch Videokameras im Verleih, oder Sie können sich von einem der Tauchlehrer beim Tauchgang filmen und Ihr persönliches Erinnerungsvideo zusammenstellen lassen.

Filme können auf manchen Inseln und in Malé entwickelt werden, es ist allerdings viel teurer als in Europa. Auf Ihrer Urlaubsinsel und unbewohnten Inseln können Sie nach Herzenslust fotografieren; auf einheimischen Inseln jedoch sollten Sie immer um Erlaubnis bitten, bevor Sie Menschen ablichten. Sie werden dabei feststellen, dass viele Frauen und auch manche Kinder nicht im Bild festgehalten werden wollen. Bitte respektieren Sie das, und kaufen Sie sich lieber einen schönen Bildband mit Erinnerungsfotos.

In Malé dürfen der Hauptsitz des NSS (am Hauptplatz neben der Good Friday Moschee), der Präsidentenpalast Theemuge, der Militärhafen und das Polizeigebäude nicht fotografiert werden.

Besonders schön sind die Lichtverhältnisse auf den Malediven früh morgens und kurz vor Sonnenuntergang, der natürlich selbst immer wieder ein begehrtes und lohnenswertes Motiv ist.

Geld

Landeswährung ist der maledivische Rufiyah (Rf), der sich in 100 Laari unterteilt und in seinem Wert an den US$ gebunden ist (1 US$ = 12,69 Rfs [Mai 2003]).

Es werden aber fast überall amerikanische Dollar angenommen bzw. bevorzugt. Sie werden wahrscheinlich keine Rufiyahs brauchen, da die Preise in den Hotels fast immer in Dollars angegeben sind – und selbst wenn sie in Rufiyah ausgeschrieben werden, müssen Sie Ihre Rechnung in aller Regel mit Dollars begleichen. Auch beim Einkaufstrip nach Malé oder auf Einheimischeninseln kann man mit der US-Währung bezahlen, möglicherweise ist der Wechselkurs aber etwas ungünstiger. Manche Geschäfte nehmen keine Rufiyahs von Touristen an.

Geld können Sie an der Bank im Flughafen, in Malé (Öffnungszeiten So–Do 8–13.30, Sa 9–11 Uhr) oder an der Rezeption Ihres Hotels wechseln – überall muss eine Kommission bezahlt werden.

Reiseschecks in US$ eignen sich besonders zur Mitnahme, werden aber auch in anderen Währungen akzeptiert. Man kann vor Ort US$-Travellerschecks in Dollarscheine eintauschen. Eine ausreichende Menge an Bargeld für Trinkgelder sollte man dabeihaben.

Es gibt keine Einfuhr- und Ausfuhrbeschränkungen für ausländische Währungen, Rufiyahs dürfen ausgeführt werden.

Die **Kreditkarten** Visa und American Express (AE) werden in allen Hotels akzeptiert, Mastercard in den meisten, Diners Club ist etwas seltener. Erkundigen Sie sich vorher, falls Sie nur letztere Karten besitzen.

Für alles, was Sie auf Ihrer Hotelinsel unternehmen oder kaufen, müssen Sie einen Bon unterschreiben; die Gesamtsumme wird auf Ihrer Hotelrechnung ausgewiesen und muss spätestens am vorletzten Tag des Aufenthalts bezahlt werden. Bei Bezahlung mit Kreditkarte sollten Sie darauf achten, dass es gelegentlich länger dauern kann, bis die Transaktion autorisiert wird. Lassen Sie sich am besten einmal pro Woche eine Zwischenrechnung ausdrucken, um nicht den Überblick zu verlieren. Beachten Sie auch, dass auf alle Preise 10 Prozent Aufschlag für Bedienung hinzukommt!

Preisklassen für Tauchkurse
untere Tauchpreise ab 300 US$
mittlere Tauchpreise ab 400 US$
hohe Tauchpreise ab 500 US$

Internet

Die meisten Resorts besitzen mittlerweile eine Webseite und Internet-Anschluss auf der Insel (Adressen sind gegebenenfalls bei den Resorts genannt). Dieser ist gelegentlich auch für Gäste zugänglich. In Malé gibt es außerdem ein Cybercafé der nationalen Telefongesellschaft Dhiraagu an der Ecke von Faamudheyri Magu und Fareedhee Magu (Tel. 31 11 22).

Kleidung

Auf den Malediven ist es das ganze Jahr hindurch sommerlich warm, daher empfiehlt sich leichte Kleidung, vorzugsweise aus Baumwolle und Leinen. Badesachen, Badeschuhe, Schnorchelausrüstung, Sonnenhut und -schutz sollten Sie nach Möglichkeit von zu Hause mitbringen. Im Restaurant und Rezeptionsbereich sollte man natürlich nicht in Badehose oder Bikini umherspazieren; es genügt aber, ein T-Shirt und Shorts überzustreifen. Abends machen sich viele Gäste etwas schicker, ansonsten ist Freizeitkleidung ideal. Für den

Wechselkurse

MV	EU	CH
Rufiyah	Euro	Franken
1	0,07	0,10
5	0,34	0,52
10	0,69	1,04
20	1,37	2,08
30	2,06	3,11
50	3,43	5,19
100	6,86	10,38
250	17,15	25,95
500	34,29	51,90
750	51,44	77,84
1 000	68,59	103,80
1 500	102,88	155,69
10 000	685,89	1037,90

Nebenkosten
(in US$)

1 Tasse Kaffee	2,50– 4,00
1 Bier	3,00– 4,50
1 Cola/Limo	2,00– 3,50
1,5 l Mineralwasser	2,50– 4,00
1 Cocktail	7,00–11,00
1 Flasche Wein	14,00–55,00
Spirituosen (2 cl)	3,00– 4,50
Open-water-Tauchkurs (inkl. Ausrüstung und Zertifikat, ohne Bootsfahrten)	310,00–560,00
1 Bootsfahrt	8,00–12,00
Schnorchelverleih pro Tag	5,00–10,00
Schnorchelausflug (etwa 3 Std.)	10,00–20,00
1 Std. Windsurfen	10,00–18,00
Tagesbootsausflug »Inselhüpfen«	20,00–40,00
Telefongespräch nach Europa	5,00– 7,00

Stand: Mai 2003

Besuch einheimischer Inseln und der Hauptstadt Malé sollten Sie aus Respekt vor den Landessitten Ihre Schultern und Knie bedecken.

Medizinische Versorgung

Häufige Tropenkrankheiten wie Malaria, Typhus oder Gelbfieber kommen auf den Malediven nicht vor. Es sind keine Impfungen zwingend vorgeschrieben; nur Reisende aus Herkunftsländern mit Seuchengefahr oder solche, die sich in Infektionsgebieten aufgehalten haben, müssen eine Impfung gegen Gelbfieber oder Cholera nachweisen. Am besten erkundigen Sie sich beim Gesundheitsamt. Eine Auffrischung der Tetanus-Impfung ist auf jeden Fall empfehlenswert. Auf der Einreisekarte ist anzugeben, in welchem Land Sie sich zuletzt aufgehalten haben. Auf den Malediven drohen auch keine Gefahren durch giftige Tiere, Erreger oder Mücken, und auch das Essen kann ohne Einschränkungen genossen werden. Das Wasser aus der Leitung ist fast überall trinkbar – wobei man sich an den Geschmack freilich erst einmal gewöhnen muss. Im Meer gibt es einige wenige giftige Fische, darunter den Steinfisch, der sich sehr gut tarnt. Um keine Gefahr zu laufen, sich weh zu tun, tragen Sie beim Schnorcheln Flossen oder Badeschuhe. Sie sollten auf keinen Fall auf die Korallen treten: Dabei würden Sie diese nicht nur zerstören, sondern sich auch selbst Verletzungen zuziehen. Bedenken Sie auch, dass die Sonne hier viel stärker ist als in Europa, tragen Sie immer ein T-Shirt beim Schnocheln, und übertreiben Sie beim Sonnenbaden nicht. Trinken Sie stets viel Wasser, Ihr Körper braucht in der Hitze mehr.

Auf einigen Resortinseln gibt es Ärzte, ansonsten liegt die nächste Arztpraxis auf einer der bewohnten Inseln in Ihrer Nähe. Erste-Hilfe-Versorgung und eine recht gute Auswahl an Medikamenten stehen grundsätzlich zur Verfügung. Übrigens: Über zurückgelassene Arzneimittel freut sich die Tauchschule bzw. Erste-Hilfe-Station!

Mittel für chronische Beschwerden bzw. für den Eigenbedarf sollten Sie mitbringen. Bei schwereren Erkrankungen oder Unfällen werden die Betroffenen nach Malé transportiert, wo auch ein Zahnarzt praktiziert. Hier gibt es ein modernes Krankenhaus, das Indira Gandhi Memorial Hospital (Tel. 31 66 47), und zwei Privatkliniken, ADK Hospital (Tel. 32 43 31) und AMDC Azmi Naeem Medical Center (Tel. 32 59 79). Bei problematischen Tauchunfällen werden die Patienten in der Dekompressionskammer auf der Insel Bandos von deutschen Ärzten versorgt; immer mehr Inseln richten jedoch ihre eigene Dekompressionskammer ein.

Bedenken Sie, dass jede ärztliche Behandlung in Asien sehr kostspielig ist; schließen Sie also auf jeden Fall eine Auslandskrankenversicherung ab, und erkundigen Sie sich genau darüber, was diese abdeckt. Frischen Sie auch Ihre Reiseapotheke auf, und vergessen Sie Folgendes nicht: Fieber senkendes Schmerzmittel, Gel zur Anwendung bei Sonnenbrand, Insektenstichen und Hautreizungen, Tabletten gegen Durchfall und Reisekrankheit, Wunddesinfektion, Pflaster, Ohrentropfen, Insektenabwehrmittel und guten Sonnenschutz.

Notruf

In allen Notfällen rufen Sie zunächst die Hotelrezeption an, die Ihnen weiterhilft und sich um alles kümmert. Bei Tauchunfällen wird der Taucharzt auf Bandos verständigt (Dekompressionskammer): Tel. 44 00 88.
In Malé: Polizei Tel. 1 19, Ambulanz Tel. 1 02, Feuerwehr Tel. 1 18.

Politik

Die Malediven sind seit Juli 1965 eine außenpolitisch unabhängige Präsidialrepublik; ihre Verfassung stammt aus dem Jahr 1968. Der Inselstaat ist Mitglied im Commonwealth, im Weltsicherheitsrat, in der UNO und SAARC (South Asian Association for Regional Cooperation). Als Staatsoberhaupt regiert Präsident Maumoon Abdul Gayoom seit 1978, er wurde bei den Wahlen 1998 im Amt bestätigt. Das Parlament, genannt Citizens Majlis, wird – wie auch der Präsident – für fünf Jahre direkt gewählt. Es besteht aus 48 Mitgliedern, jeweils zwei gewählten Vertretern aus den Atollen sowie aus Malé und acht durch den Präsidenten nominierten Mitgliedern. Auf den Atollen gibt es insgesamt 19 vom Präsidenten direkt ernannte »Atollchefs«, und auf den bewohnten Inseln wird jeweils ein Inselvorstand (Kateeb) gewählt. Das Rechtssystem gründet auf islamischem Recht mit Einflüssen aus dem englischen Common Law.

Post

Auf jeder Insel gibt es einen Briefkasten. Postkarten und Briefmarken erhalten Sie im Souvenirgeschäft, im Postamt am Flughafen oder in Malé in der Boduthakurufaanu Magu (geöffnet Sa–Do 7.45–8 Uhr). Eine Postkarte nach Europa kostet 10 Rufiyah, ein Brief 12 Rufiyah. Oft werden Sie allerdings einen Dollar für eine Briefmarke bezahlen müssen. Die Post dauert etwa 8 bis 14 Tage.

Reisedokumente

Bürger aller Staaten benötigen für die Einreise einen Reisepass, der noch sechs Monate über den Aufenthalt hinaus gültig sein sollte, eventuell wird auch um die Vorlage des Rückflug- oder Anschlussflugtickets gebeten. Kinderausweise werden nicht anerkannt. Bei der Einreise wird Ihnen automatisch ein 30-tägiges Touristenvisum in den Pass gestempelt. Eine Verlängerung des Visums auf bis zu 90 Tage kann beim Department of Immigration in Malé, Huraree Building (Tel. 32 39 13), beantragt werden und ist gebührenpflichtig – Passbilder werden verlangt. Genehmigungen zum selbst organisierten Besuch einheimischer Inseln müssen beim Ministerium für Atollverwaltung in Malé beantragt werden. Safaribootteilnehmer und Resortgäste auf Ausflügen brauchen keinen Erlaubnisschein.

Reisewetter

Die Temperaturen liegen das ganze Jahr zwischen mindestens 23° C nachts und maximal 32° C tagsüber, die Luftfeuchtigkeit beträgt etwa 80 Prozent. Eine frische Brise sorgt für angenehme Temperaturen während des Tages. In den Monaten Mai, Juni und Juli regnet es öfters; bis Mitte Dezember sollte man mit einigen kurzen, heftigen Schauern rechnen, ansonsten überwiegen die Sonnentage das ganze Jahr hindurch. Die Wassertemperatur liegt grundsätzlich zwischen 27 °C und 30 °C und ist ideal für Wassersport. Achten Sie aber unbedingt auf Sonnenschutz, und tragen Sie beim Schnorcheln und Windsurfen ein T-Shirt. Heftige Stürme und stark bewegtes Wasser kommen nicht vor – die natürlichen Korallenbarrieren schützen die Inseln vor den Gewalten des Meeres. Nur der Südwestmonsun Hulhangu sorgt von Mai bis November für kräftige Winde und größere Wellen. Die Unterwassersicht ist dann nicht so gut; das planktonreiche Wasser zieht dafür aber viele Fische, vor allem auch größere Walhaie und Mantas, an. Sonnenanbeter freuen sich über acht bis zehn Sonnenstunden täglich, wobei die

UV-Strahlung hier in Äquatornähe natürlich viel stärker ist als in Europa.

Religion

Die Malediven sind ein reiner Sunni-Moslemischer Staat, die Religion spielt eine wichtige Rolle im Leben der Bevölkerung. Auf jeder bewohnten Insel, auch auf Ihrer Hotelinsel, befindet sich eine Moschee. Alkohol darf von Maledivern nicht genossen werden, und FKK oder Oben-ohne sind streng verboten.

Rundfunk

Außer örtlichen Sendern in der Landessprache kann man höchstens über Mittelwelle europäische Sender – mehr schlecht als recht – empfangen.

Sprache

Die Amtssprache auf den Malediven ist Dhivehi. Es ähnelt in der Schriftform (Thaana) dem Arabischen und wird von rechts nach links geschrieben. Die Grammatik hat ihre Ursprünge im Sanskrit. In den Hotels und in der Tourismusbranche ist Englisch die Umgangssprache. Das Personal spricht und versteht oft außerdem ein wenig Deutsch und/oder Italienisch und lernt gerne noch hinzu.

Stromspannung

220 Volt. Die Stecker sind dreigepolt, Adapter gibt es an der Rezeption.

Telefon

Sie können direkt aus Ihrem Zimmer oder an der Rezeption telefonieren,

Die Klimadaten von Malé

	Januar	Februar	März	April	Mai	Juni	Juli	August	September	Oktober	November	Dezember
Durchschnittl. Temp. in °C – Tag	29	29	30	31	30	30	29	29	29	29	29	29
Durchschnittl. Temp. in °C – Nacht	23	24	25	27	26	25	24	25	25	24	23	23
Sonnenstunden pro Tag	8	9	8	7	6	5	6	6	6	6	6	8
Regentage	3	1	1	3	9	17	14	12	10	11	8	4
Wassertemp. in °C	27	27	27	27	29	29	27	27	27	27	27	27

Quelle: Deutscher Wetterdienst, Offenbach

die Preise für Gespräche finden Sie im Normalfall in Ihrer Gästeinformation. Selbst auf einigen Safaribooten gibt es Satellitentelefone. Im Postamt und in Geschäften kann man Telefonkarten kaufen. Auf Einheimischeninseln, in Malé, am Flughafen und manchmal auch im Personalbereich der Ferieninsel gibt es öffentliche Telefonzellen mit Kartentelefon, von wo aus man günstiger als vom Hotel telefonieren kann. Sie werden für ein Gespräch nach Europa mindestens eine 100 Rufiyah-Telefonkarte benötigen. Telefonieren ist sehr teuer – lassen Sie sich besser anrufen, oder schicken Sie ein Fax oder E-Mail. Jedes Resort hat ein Faxgerät. Telefonauskunft: 110 (national) oder 190 (international)

Vorwahlen:
D, A, CH → Malediven 0 09 60
Malediven → D 00 49
Malediven → A 00 43
Malediven → CH 00 41
Mitgebrachte Mobiltelefone funktionieren auf den Malediven, je nach Netzbetreiber.

Tiere

Tiere sollte man nicht mitnehmen, wenn man auf die Malediven reist. Es gibt im ganzen Land keine Hunde, und deren Einfuhr ist verboten. Katzen sieht man gelegentlich, ansonsten nur Hasen, Eidechsen, Geckos und Vögel. Es gibt nur sehr wenige Landtiere und Vögel – und alle sind völlig harmlos.

Trinkgeld

Kofferträger, Dhoni- oder Schnellbootcrew, Kellner und Zimmerboy, sie alle möchten gerne für ihre Dienste belohnt werden. Halten Sie deshalb immer ein paar Dollarscheine bereit, und übergeben Sie sie persönlich. Ein paar Dollar zusätzlich bedeuten einen großen Unterschied im geringen Gehalt der Mitarbeiter, die davon ihre ganze Familie ernähren müssen.

Verhaltenshinweise, Tabus und Tipps

– Es ist absolut verboten, lebendige oder tote Lebewesen aus dem Meer zu entfernen. Dazu zählen auch Muscheln und Korallen vom Strand oder Riff. Die Kontrollen am Flughafen sind scharf. Bitte kaufen Sie auch keine Souvenirs, die aus Meerestieren hergestellt werden. Seien Sie beim Tauchen und Schnorcheln sehr vorsichtig, nichts zu berühren oder zu verletzen. Besonders mit Flossen können schwere Schäden angerichtet werden. Stellen Sie sich nie auf Korallen, auch wenn diese tot aussehen!
– FKK und Oben-ohne-Baden ist auf den Malediven streng verboten. Es drohen hohe Geldstrafen und Landesverweise. Bitte respektieren Sie auch die traditionellen Sitten beim Besuch einheimischer Inseln: Bedecken Sie Ihre Schultern und Oberkörper bis über die Knie mit undurchsichtiger Kleidung. Die Hotels bitten darum, im Restaurant-, Bar- und Rezeptionsbereich angemessen gekleidet zu erscheinen, also mindestens ein T-Shirt und Shorts zu tragen.
– Die Benutzung von Tauchmessern, Harpunen, Speeren und Handschuhen unter Wasser ist untersagt. Das Fischen und Töten von Haien und Schildkröten ist streng verboten.
– Allah hat immer Recht, also verletzen Sie nicht die Gefühle der einheimischen Moslems durch Kritik ihrer Sitten und religiösen Überzeugungen. Es ist ebenso verboten, religiöse Symbole und Zeichen einzuführen, wobei kleinere Objekte zum Eigenbedarf toleriert werden.

– Alkohol ist auf einheimischen Inseln tabu und darf auch nicht ins Land eingeführt werden. Bitte respektieren Sie diese Regelung, und versuchen Sie nicht, sie zu umgehen oder einen der maledivischen Mitarbeiter des Hotels zum Alkoholkonsum zu überreden.
– Vermeiden Sie Müll, und nehmen Sie Ihren eigenen Abfall wieder mit nach Hause. Die Malediven wissen nicht wohin mit den riesigen Müllbergen, die aus dem Wachstum der Tourismusbranche entstehen. Die Fluggesellschaften, zum Beispiel LTU, verteilen bei der Ankunft Müllsäcke an ihre Passagiere und transportieren diese auch kostenlos wieder nach Europa zurück, wo der Müll richtig entsorgt werden kann.
– Füttern Sie die Fische nicht! Obwohl es immer noch von den Resorts organisierte Fischfütterungen gibt – eine umstrittene Touristenattraktion –, sollten Sie diese Aktionen auf keinen Fall unterstützen: Fische können sich sehr gut selbst ernähren. Ihr Nahrungskreislauf wird durch die Fütterung gestört, und sie werden schließlich abhängig vom Menschen. Besonders Brot und Essensreste sind schädlich und können zu tödlichen Verdauungsstörungen bei den Tieren führen.
– Wasserverbrauch und Energie sparen. Bitte gehen Sie sorgsam mit den Ressourcen der Insel um, und helfen Sie, negative Umwelteinflüsse auf ein Minimum zu reduzieren. Benutzen Sie nicht zu viel Wasser, und schalten Sie die Klimaanlage beim Verlassen Ihres Bungalows oder bei offenen Türen aus. Oft reicht der Ventilator, außerdem können so Erkältungen in den Tropen vermieden werden, die durch die ständigen Temperaturunterschiede beim Gebrauch der Klimaanlage entstehen. Hängen Sie Ihre Handtücher auf, und machen Sie dem Personal deutlich, wenn diese oder die Bettwäsche noch nicht gewechselt werden sollen. Tonnen von Waschmitteln werden täglich auf den Malediven für die Reinigung der Wäsche verbraucht. Sie können das Ihrige tun, um diese Verschwendung zu vermindern.
– Kein pornografisches Material, Drogen, Waffen oder Munition mitbringen! Die Einfuhr dieser Dinge ist untersagt. Zeitschriften mit Fotos halbnackter Frauen und Männer zählen zu pornografischem Material, also auch manche Illustrierte oder Bild-Zeitung. Drogenbesitz, selbst in kleinsten Mengen, wird streng bestraft. Sollten Sie Medikamente einnehmen, die als Drogen eingestuft werden können, lassen Sie sich von Ihrem Arzt eine Bescheinigung ausstellen, die besagt, dass Sie dieses Medikament aus Gesundheitsgründen einnehmen müssen.

Verkehrsverbindungen

Ihren Führerschein können Sie bei einer Reise auf die Malediven zu Hause lassen, denn den werden Sie hier nicht brauchen. Packen Sie lieber den Segel- oder Surfschein ins Gepäck, und vergessen Sie die Schnorchelausrüstung nicht. Wenn Sie gerne einmal auf die unbewohnte Nachbarinsel, eine Einheimischeninsel oder auf eine andere nahe liegende Resortinsel wollen, müssen Sie höchstwahrscheinlich an einem vom Hotel angebotenen Ausflug teilnehmen. Manchmal liegen zwei Inseln sehr nah beieinander, und man meint, hinüberlaufen oder -schwimmen zu können – das ist aber leider meistens nicht möglich. Erkundigen Sie sich an der Rezeption, bei der Gästebetreuung oder in der Tauchschule, denn oft herrschen gefährliche Strömungen, oder das Wasser ist tiefer, als es aussieht. Auch von Ausflügen mit dem Surfbrett, Kanu oder Segelboot zu Nachbarinseln wird in aller Regel abgeraten; sprechen Sie mit dem Verantwortlichen im Wassersportzentrum. Bedenken Sie auch, dass man für den Besuch einheimischer Inseln ohne offizielle Begleitperson eine Genehmigung braucht – bei organisierten Ausflügen ist das selbstverständlich nicht nötig.

Mit der Dhoni nach Malé
Zwischen der Flughafeninsel und der Hauptstadt Malé sowie zu den um Malé liegenden bewohnten Inseln **Kudabados** und **Viligili** verkehren regelmäßig Dhonis. Sie legen alle in Malé am Marine Drive, nicht weit vom Nasandhura Palace Hotel, 2 und am Flughafen nicht weit vom hölzernen Präsidentenpier ab. Eine Überfahrt kostet 10 Rufiyahs oder 1 US$. Auf Malé und **Addu** (Gan) verkehren Autos, Taxis und Lastwagen. Auf einigen größeren Hotelinseln wird manchmal ein Fahrzeug für schwere Transporte benutzt, aber auf den meisten Inseln werden Sie frei von Abgasen und Motorenlärm Urlaub machen. Auf **Gan** (Equator Club), **Sonevafushi, Kuramathi, Lohifushi** und **Sun Island** gibt es Fahrräder, auf **Four Seasons** (Kuda Huraa) wird man mit elektrischen Golfwagen zum Bungalow gebracht, ansonsten ist man zu Fuß unterwegs.

Der Transport vom Flughafen zu den Hotelinseln und entfernteren Atollen erfolgt per Dhoni, Schnellboot oder Wasserflugzeug (→ S. 95). Er wird von den Hotels und Agenturen arrangiert und ist meistens im Pauschalangebot enthalten. Oft ist es möglich, im Hotel ein Boot samt Crew für eigene Ausfahrten zu chartern, die Preise sind jedoch sehr hoch. Wer gerne viele Inseln und Atolle sehen möchte, kann an einer Safari auf einem Boot teilnehmen, auf dem dann auch gegessen und geschlafen wird. Der größte Teil der Safariboot-Reisenden besteht aus Tauchern, die auf diese Art möglichst viele unterschiedliche Tauchgebiete kennen lernen möchten (→ S. 88, 90). Safaribootreisen und Hotelaufenthalt können auch gekoppelt werden; erkundigen Sie sich beim Reiseveranstalter. Auch Tagesausflüge mit dem Wasserflugzeug zu anderen Inseln werden angeboten, sind aber ebenfalls sehr kostspielig.

Air Maldives fliegt vier nationale Flughäfen vom internationalen Flughafen aus an: **Seenu-Atoll Gan, Gaafu-Dhaalu-Atoll Kaadedhdhoo, Laamu-Atoll Kadhdhoo** und **Haa-Dhaalu-Atoll Hanimaadhoo**. Für den Besuch dieser Inseln benötigen Sie eine Genehmigung – es sei denn, Sie haben im Equator Village auf Gan gebucht.

Inselflüge
Ein Ausflug mit dem **Wasserflugzeug** gehört zu den unvergesslichen Highlights eines jeden Maledivenurlaubs. Sollten Sie Ihren Transfer zum 10 Hotel nicht mit dem Wasserflugzeug bewältigt haben, gibt es die Möglichkeit, bei den nationalen Fluggesellschaften oder übers Hotel Rundflüge zu buchen. Sie werden dabei problemlos einen Film verknipsen, denn die Schönheit der Atollformationen, die unglaublichen, schillernden Farben des Wasser und die grünen Inseln, umgeben von weißem Sandstrand, funkeln wie ins Meer gestreute Diamanten. Erst aus der Luft wird dem Besucher richtig klar, wie eine Atollformation aufgebaut ist. Die barfüßigen Piloten erklären übrigens gerne einige Details.

Die Atollformationen aus der Vogelperspektive zu erblicken ist ein Erlebnis besonderer Art, bei dem auch die Vielfalt der Korallenformationen und die Schattierungen des Wassers besonders deutlich sichtbar werden. Zurzeit sind nur Flüge mit dem Wasserflugzeug möglich, da von der Wiedereinführung von Hubschraubertouren 1999 wieder Abstand genommen wurde. Die Flüge starten und landen im Wasser vor Ihrem Hotel und können von unterschiedlicher Dauer sein, auch die Route ist wählbar. Informieren Sie sich am Schwarzen Brett Ihres Resorts, an der Rezeption, oder kontaktieren Sie eine der folgenden Gesellschaften direkt:

Trans Maldivian Airways
Tel. 32 57 08, Fax 32 31 61;
E-Mail: humbird@dhivehinet.net.mv

Maldivian Air Taxi
Tel. 31 52 01, Fax 31 52 03;
www.mataxi.com,
E-Mail: sales@mat.com.mv

Wertsachen

Alle Hotels haben einen Safe (manchmal sogar im Zimmer), wo Sie Ihre Wertsachen deponieren sollten. Diebstahl ist im Allgemeinen kein Problem; trotzdem ist es empfehlenswert, nichts Wertvolles herumliegen zu lassen.

Wirtschaft

Den Malediven stehen außer Fischfang, Schiffsverkehr und Tourismus kaum andere Wirtschaftszweige offen. Zwar werden hier sehr gute und schöne Boote gebaut, Matten gewebt und Schmuck hergestellt, aber meist für den Eigenbedarf. Nährstoffarme Böden und eine sehr begrenzte Landfläche ermöglichen kaum landwirtschaftlichen Nutzen. Alles wird importiert, so auch die für den Tourismus benötigten Waren wie Baumaterial, Kraftstoff, Elektrogeräte, Lebensmittel und vieles mehr. Handel wird vor allem mit Sri Lanka, England, Deutschland, Singapur und Japan betrieben.

Zeitungen

Deutschsprachige Presse steht auf den Malediven nirgendwo zur Verfügung. Oft drucken die Hotels aber aus dem Internet eine Infoseite mit den wichtigsten (internationalen) Ereignissen aus und hängen diese ans Schwarze Brett. Gelegentlich erhalten Sie im Hotel überregionale englischsprachige Zeitungen und Zeitschriften. Die drei täglichen Lokalzeitungen erscheinen in Dhivehi mit einigen wenigen Artikeln in englischer Sprache. Sie heißen *Anfathis* (Neuer Morgen), *Miadhu* (Heute) und *Haveern* (Abend).

Zeitverschiebung

Die Zeitverschiebung zu Mitteleuropa beträgt im Winter plus vier Stunden, während der Sommerzeit plus drei Stunden. Eine große Zahl von Resorts hat die Uhr zusätzlich um eine oder zwei Stunden vorgestellt, um ihren Gästen längeres Tageslicht in den Abendstunden zu gönnen – so nah am Äquator herrscht normalerweise Tag- und Nachtgleiche, das heißt, die Sonne geht etwa um sechs Uhr morgens auf und um 18 Uhr unter.

Zoll (Einfuhr- und Ausfuhrbeschränkungen)

Die Einfuhr von Waffen, Munition, Drogen, pornografischem Material (wozu auch Bilder halbnackter Frauen in Illustrierten gehören), Hunden, Geräten zur Unterwasserjagd und Alkohol in jeglicher Form ist streng untersagt. Korallen, Muscheln, Sand, Haifischgebisse oder jegliche andere aus dem Meer entnommenen Güter dürfen nicht ausgeführt werden. Es kann vorkommen, dass Videokassetten konfisziert und auf ihren Inhalt überprüft werden.

Vor 1153
Tempelruinen auf mehreren Inseln deuten auf die Verbreitung der buddhistischen Religion hin.

1153
Bekehrung vom Buddhismus zum Islam durch Abu-Al-Barakat, einen Händler, der dem damaligen Sultan die Lehre des Korans predigte. Konvertierung des Herrschers zum Islam und Gründung des ersten Sultanats durch Mohammed Ibn Abdulla (1141–1166), der bei einer Pilgerfahrt nach Mekka verschollen ist. Der Islam wird Staatsreligion, die Regierungsform ähnelt der einer konstitutionellen Monarchie. Die Malediven werden für die nächsten 800 Jahre von Sultanen und Sultanas (weiblichen Sultanen) regiert.

1344
Ibn Battuta, ein arabischer Gelehrter, bereist die Inseln und wirkt einige Jahre lang als Richter; erste schriftliche Beschreibungen sind überliefert.

1498
Vasco da Gama landet in Kalkutta in Indien. Die Schreckensherrschaft der Portugiesen im Indischen Ozean beginnt.

1503
Der portugiesische Gouverneur Vincente Sodre verbietet den Indern den Handel mit den Malediven.

1558–1573
Die Portugiesen erobern Malé, Sultan Ali VI fällt bei den Kämpfen. Die Invasion bleibt die einzige langfristige Besetzung der Malediven durch eine fremde Macht bis 1573. Die Portugiesen sind an den Cowry-Muscheln interessiert, die in weiten Teilen der Erde als Zahlungsmittel benutzt werden und auf den Malediven in großer Zahl vorkommen. Die Malediven werden in dieser Zeit unter dem Namen »Geldinseln« bekannt. Terror bestimmt die Jahre der portugiesischen Besetzung.

1573
Befreiung von der 15-jährigen portugiesischen Herrschaft am 2. Juli 1573 (heute wird dieser Tag am ersten Tag des dritten Monats des Mondkalenders jedes Jahr als Nationalfeiertag begangen) unter der Führung von Mohammed Thakurufaanu (Sultan von 1573–1585) und seinen zwei Brüdern.

Er wird noch heute als der größte Held der Malediven verehrt, die große Hauptmoschee ist nach ihm benannt. Er leitet einige wichtige Reformen ein, etwa die Einführung von Münzen und das Militärwesen.

1609
Indische Malabars versuchen vergeblich, die Malediven zu erobern.

1624 und 1648
Die Portugiesen versuchen zweimal vergeblich von Indien aus, die Malediven zurückzuerobern.

1650
Unter Sultan Ibrahim Iskandhar (1648–1687) greifen maledivische Truppen das Gebiet des Rajahs von Cannonore in Indien an und nehmen Anführer als Geiseln. Daraufhin lässt man sie in Frieden.

1671
Die niederländische Krone erforscht die Inseln. Die Regierung ist hauptsächlich am Handel interessiert.

1675–1796
Schutzherrschaft durch die holländische Krone gibt Sicherheit vor Angriffen durch indische Malabar-Könige.

1887
Schutzvertrag mit England. Der Sultan hat das Schutzrecht und zahlt Tribut an die englische Krone; es befindet sich jedoch kein britischer Vertreter auf den Inseln.

1932
Die erste Verfassung der Malediven, auf Geheiß der Briten verfasst, tritt in Kraft. Staatsform ist das konstitutionelle Sultanat.

1947
Letzte Tributzahlung an Großbritannien.

1948
Nach der Unabhängigkeit Ceylons von Grossbritannien (am 4. Februar 1948) unterzeichnen die Malediven und die britische Krone am 23. April 1948 ein Abkommen, welches eine Annäherung und engere Handelsbeziehungen zur Folge hat.

1953
Ausrufung der ersten Republik nach 800 Jahren Sultanat unter vier Sultanas und 93 Sultanen. Erster Präsident ist Mohammed Amin Didi. Am 21. August Rückkehr zum Sultanat.

1959
Eine Separatistenbewegung in den südlichen Atollen wird niedergeschlagen. Die Unabhängigkeitskämpfer hatten eine eigene Republik Suvadiva ausgerufen.

26. Juli 1965
Unabhängigkeit der Malediven, die gleichzeitig Vollmitglied der UNO werden.

11. Nov. 1968
Die Malediven werden zum zweiten Mal eine Republik: Präsidiale Republik durch Volkabstimmung; Präsident wird Ibrahim Nasir.

1972
Staatsbesuch der englischen Königin Elizabeth. In diese Zeit sind auch – nach veröffentlichten Unterwasser-Dokumentarfilmen – die Anfänge des Tourismus zu datieren. Das erste Touristenresort Bandos Island wird eröffnet.

1976
Aufnahme in den Bund der blockfreien Staaten. Die Briten verlassen den Luftwaffenstützpunkt Gan.

1978
Der gegenwärtige Präsident Maumoon Abdul Gayoom wird gewählt und danach bei weiteren Wahlen – 1983, 1988 und 1994 – im Amt bestätigt.

1980
Missglückter Putschversuch des Ex-Präsidenten Ibrahim Nasir.

1988
Zweiter Putschversuch durch die Opposition und tamilische Separatisten. Der Präsident flüchtet aus der Hauptstadt und bittet um internationale Unterstützung. 6000 indische Soldaten landen auf Malé und schlagen den Putschversuch nieder; 25 Menschen verlieren dabei ihr Leben.

November 1989
Die letzten indischen Truppen verlassen Malé.

1998
Bei Kabinettswahlen wird Präsident Maumoon Abdul Gayoom im Amt bestätigt. Neuer Tourismusminister ist Hassan Sabir.

August 2001
Konferenz der Gesundheitsminister der Weltgesundheitsorganisation (WHO) in Malé.

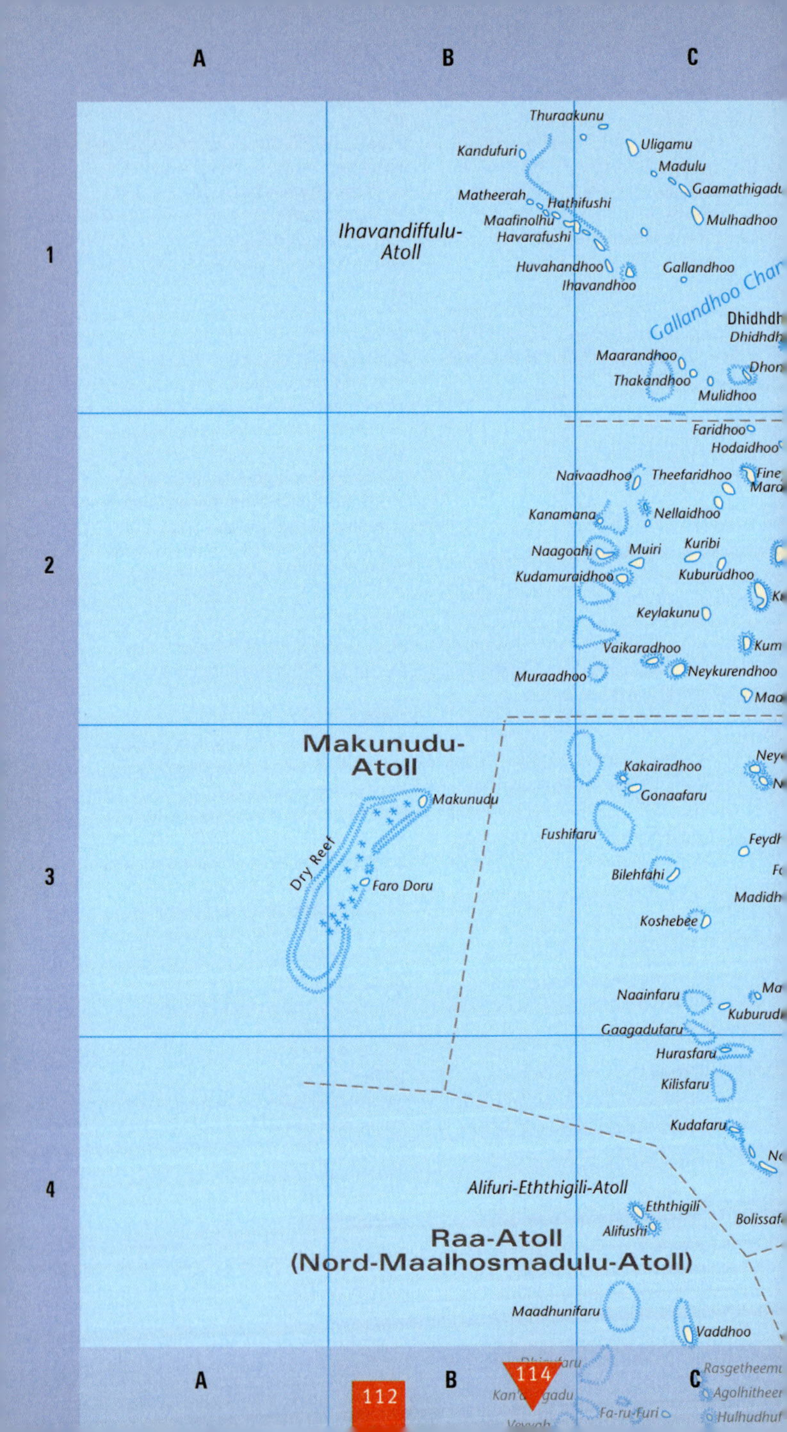
A
B
C
1
2
3
4
Thuraakunu
Kandufuri
Uligamu
Madulu
Gaamathigadu
Matheerah
Hathifushi
Maafinolhu
Havarafushi
Mulhadhoo
Ihavandiffulu-Atoll
Huvahandhoo
Ihavandhoo
Gallandhoo
Gallandhoo Char
Dhidhdh
Maarandhoo
Thakandhoo
Mulidhoo
Faridhoo
Hodaidhoo
Naivaadhoo
Theefaridhoo
Kanamana
Nellaidhoo
Naagoahi
Muiri
Kuribi
Kudamuraidhoo
Kuburudhoo
Keylakunu
Vaikaradhoo
Neykurendhoo
Muraadhoo
Makunudu-Atoll
Kakairadhoo
Gonaafaru
Makunudu
Fushifaru
Dry Reef
Faro Doru
Bilehfahi
Madidh
Koshebee
Naainfaru
Kuburudh
Gaagadufaru
Hurasfaru
Kilisfaru
Kudafaru
Alifuri-Eththigili-Atoll
Eththigili
Alifushi
Bolissaf
Raa-Atoll
(Nord-Maalhosmadulu-Atoll)
Maadhunifaru
Vaddhoo
Rasgetheem
Agolhitheer
Hulhudhuf
Fa-ru-Furi
114
112

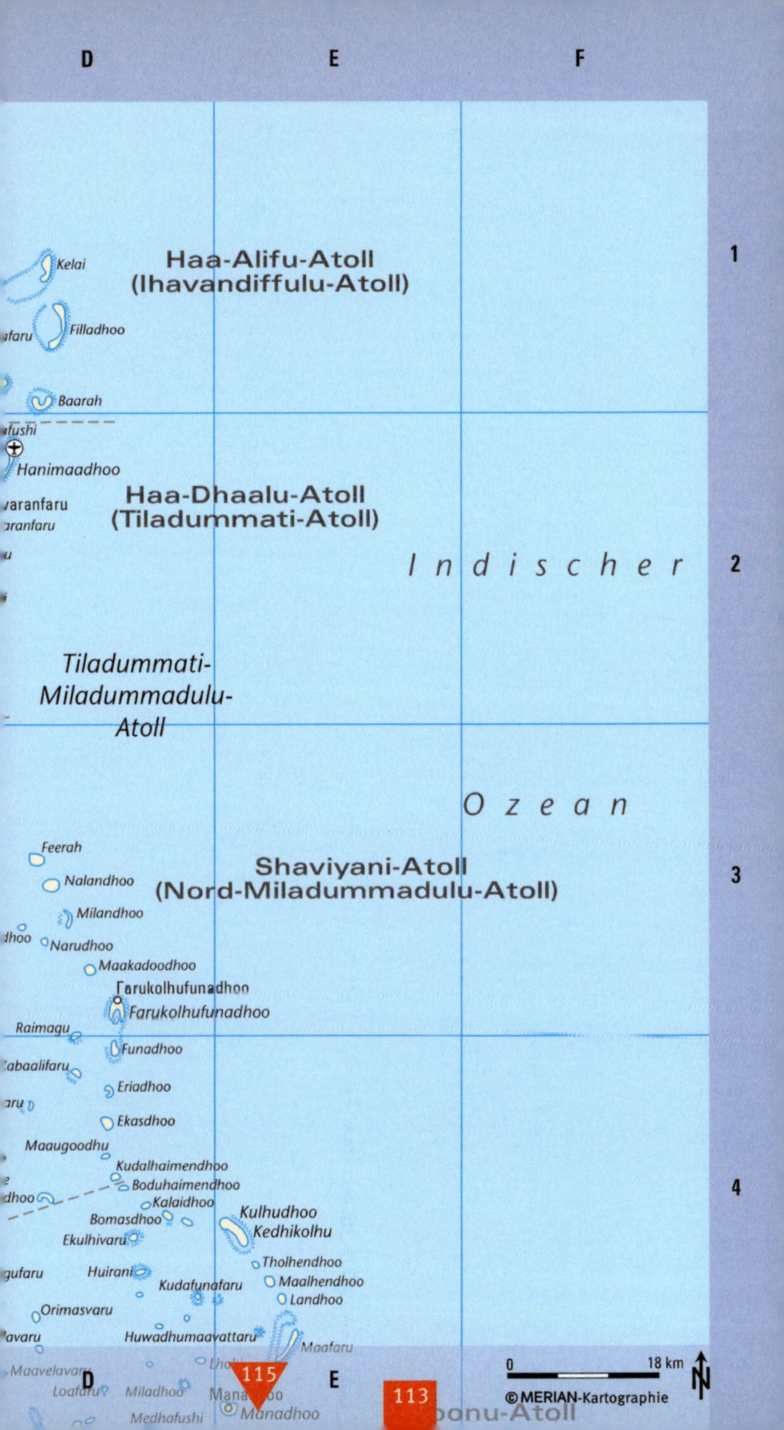
D
E
F
1
2
3
4
Haa-Alifu-Atoll
(Ihavandiffulu-Atoll)
Kelai
Filladhoo
Baarah
Hanimaadhoo
Haa-Dhaalu-Atoll
(Tiladummati-Atoll)
Indischer
Tiladummati-
Miladummadulu-
Atoll
Ozean
Shaviyani-Atoll
(Nord-Miladummadulu-Atoll)
Feerah
Nalandhoo
Milandhoo
Narudhoo
Maakadoodhoo
Farukolhufunadhoo
Farukolhufunadhoo
Raimagu
Funadhoo
Eriadhoo
Ekasdhoo
Maaugoodhu
Kudalhaimendhoo
Boduhaimendhoo
Kalaidhoo
Bomasdhoo
Kulhudhoo
Kedhikolhu
Ekulhivaru
Tholhendhoo
Huirani
Kudafunafaru
Maalhendhoo
Landhoo
Orimasvaru
Huwadhumaavattaru
Maafaru
Maavelavaru
Loafaru
Miladhoo
Medhafushi
Manadhoo
0
18 km
N
© MERIAN-Kartographie
115

(Nord-Maalhosmadulu-Atoll)
A
B
C
112
Vaddhoo
Dhigufaru
Rasgetheemu
Kan'doogadu
Fa-ru-Furi
Veyvah
Maanafushi
Nord-Maalhosmadulu-Atoll
Fuggiri
Ifushi
5
Ugoofaaru
Maafaru
Vanfushi
Thilinfaru
Dhinnaafushi
Meedhupparu
Bodufaru
Meedhupparu Island Resort
Maashigiri
Dhigali
Kukulhudhoo
Ufulandhoo
Maafaru
Vadhoo
Fenfushifaru
Viligili
Moresby Channel
6
Maammagaafaru
Dhigufaru
Kashidoo
Medu Faro
Hanikaandufaru
Ahivaffushi
Fahris
Horubadhoo
Baa-Atoll
(Süd-Maalhosmadulu-Atoll)
5
Sonevafushi Resort
Eydhafushi
Viligili
Dunikolu
7
Thulhaadhoo
Coco Palm Resort
Kudadhoo
Bodufinolhu
Kanufushi
Olhugiri
Hithaadhoo
Madoovari
Fulhadhoo
Fehendhoo
Innafushi
Goidhoo
Mafushi
Fehenfushi
Goifulha-
8
A
B
C
116

113
D
E
F
Tholhendhoo
Maalhendhoo
Landhoo
Huirani
Kudafunafaru
Orimasvaru
Huwadhumaavattaru
Maafaru
Lhohi
Maavelavaru
Loafaru
Miladhoo
Manadhoo
Manadhoo
Medhafushi
Meedhoo
Dhiguran
Edhdhuffaru
Vihafaru
Randheli
Vattaru
Velidhoo
Rafushi
Kan'dodhoo
Noonu-Atoll
(Süd-Miladummadulu-Atoll)
5
Kuredu Island Resort
Fehingili
Kuredu
Kanuhura Beach & Spa Resort
Huruvalhi
Kanuhurai
Komandoo Island Resort
Boamandhiffaruhurai
Felivaru
Madhiriguraidhoo
Palm Beach Island
Madivaru
Naifaru
Naifaru
Faadhoo
Vavvaru
Fadiffolu-Atoll
Dhiffushi
Dhidhdhoo
Maafilaafushi
Hudhufushi
6
Kanifushi
Maabinhura
Kurendhoo
Lowalafuri
Reethi Beach Resort
Thilamaafushi
Olhuvelifushi
Magoodhoo
Lhaviyani-Atoll
(Fadiffolu)
7
Kardiva Channel
Karidu
(Kardiva)
Gaafaru
Gaafaru
8
Gaafaru Channel
Olhahali
Kagi
Akirifushi
Helengeli
Boduhali
Eriyadhoo
Ziyaaraifushi
Makunudhu
117
D
E
Hembadhu
Nord-
Asdu
0
18 km
N
© MERIAN-Kartographie
Meerufenfushi

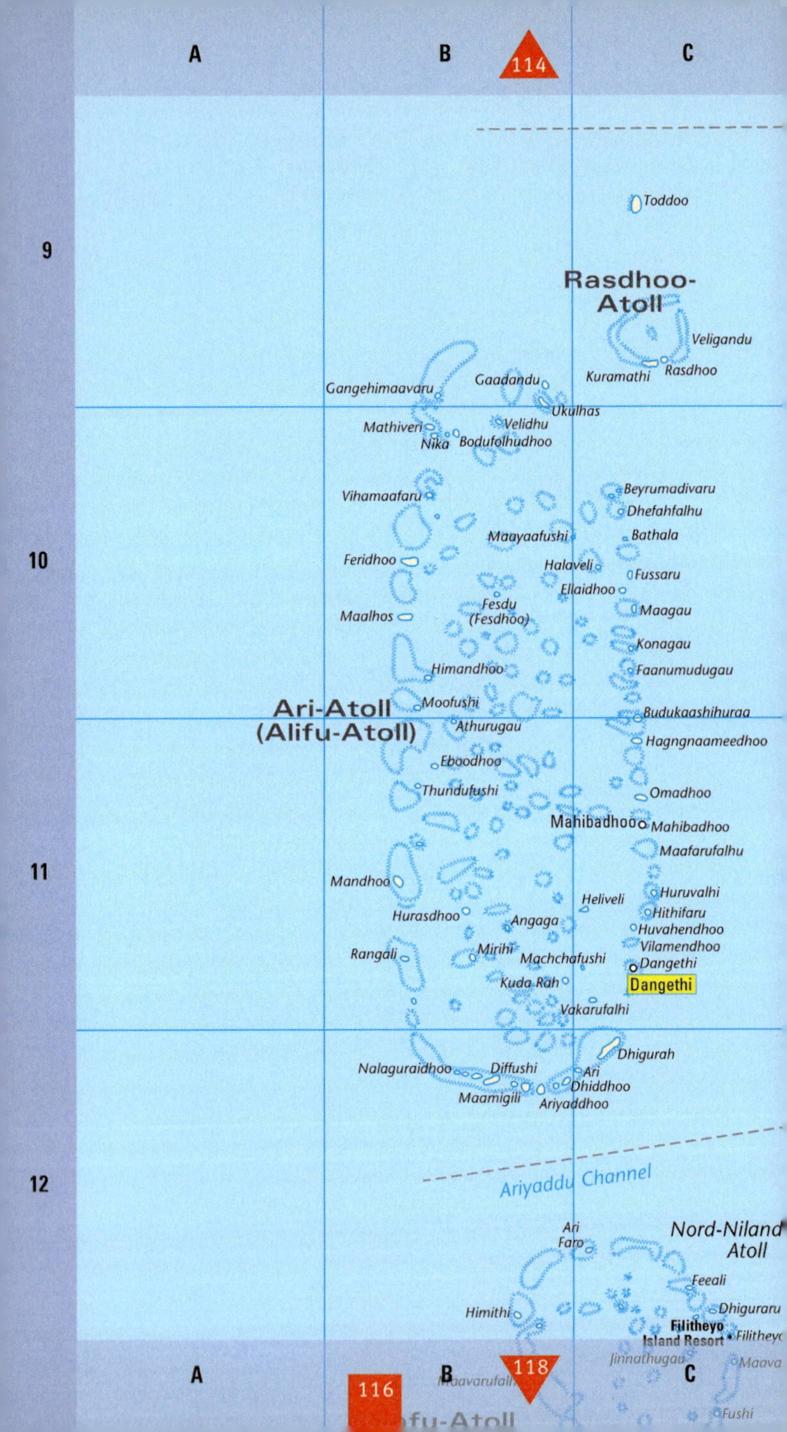
A
B
114
C
9
10
11
12
Toddoo
Rasdhoo-Atoll
Veligandu
Rasdhoo
Kuramathi
Gangehimaavaru
Gaadandu
Ukulhas
Mathiveri
Velidhu
Nika
Bodufolhudhoo
Beyrumadivaru
Dhefahfalhu
Vihamaafaru
Maayaafushi
Bathala
Feridhoo
Halaveli
Fussaru
Ellaidhoo
Fesdu
(Fesdhoo)
Maalhos
Maagau
Konagau
Himandhoo
Faanumudugau
Ari-Atoll
(Alifu-Atoll)
Moofushi
Budukaashihuraa
Athurugau
Hagngnaameedhoo
Eboodhoo
Thundufushi
Omadhoo
Mahibadhoo
Mahibadhoo
Maafarufalhu
Mandhoo
Huruvalhi
Heliveli
Hithifaru
Hurasdhoo
Angaga
Huvahendhoo
Vilamendhoo
Rangali
Mirihi
Machchafushi
Dangethi
Kuda Rah
Dangethi
Vakarufalhi
Dhigurah
Nalaguraidhoo
Diffushi
Ari
Dhiddhoo
Maamigili
Ariyaddhoo
Ariyaddu Channel
Ari
Faro
Nord-Niland
Atoll
Feeali
Himithi
Dhiguraru
Filitheyo
Island Resort
Jinnathugau
Maavarufalhi
A
118
C
116

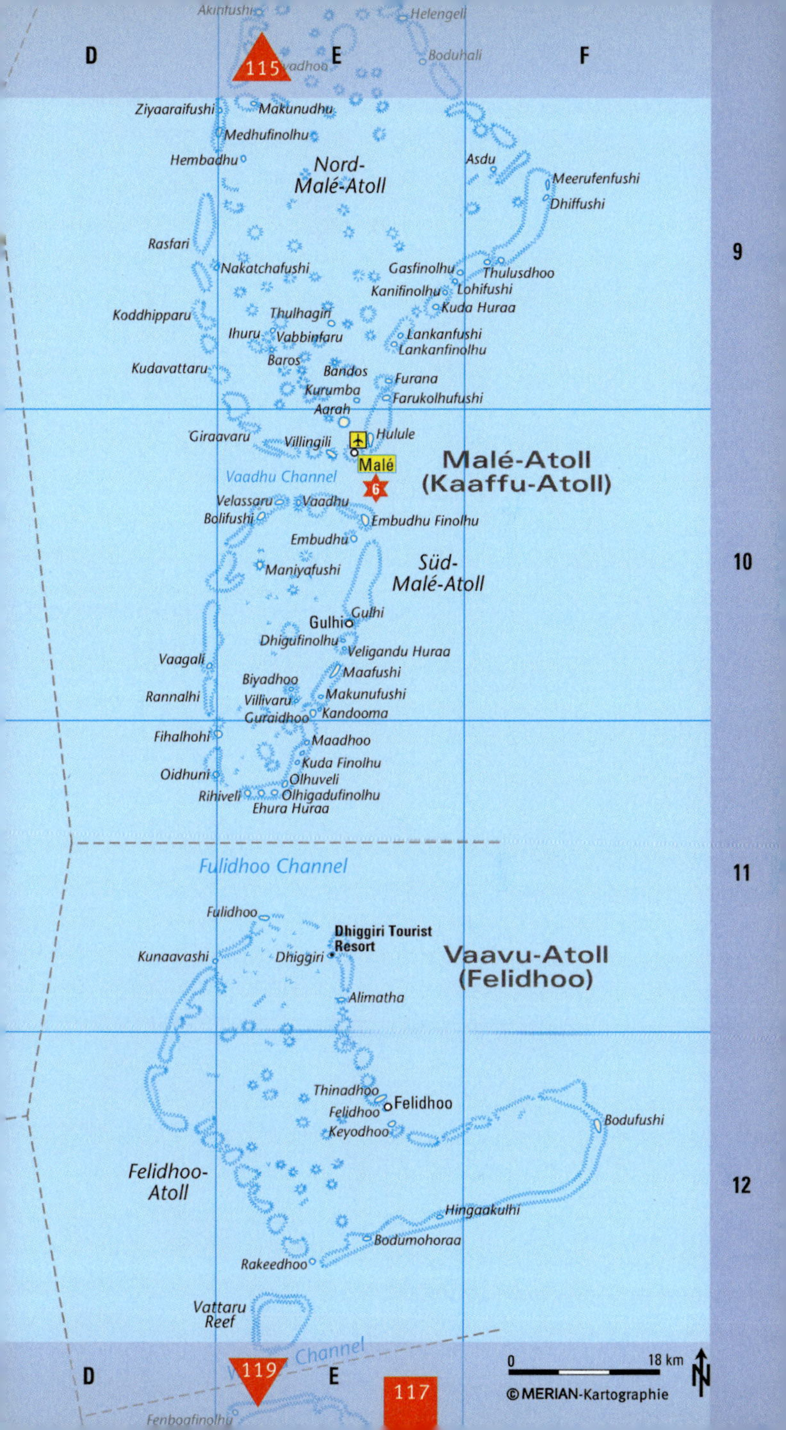

Akinfushi
Helengeli
D
E
F
115
Boduhali
Ziyaaraifushi
Makunudhu
Medhufinolhu
Hembadhu
Nord-
Malé-Atoll
Asdu
Meerufenfushi
Dhiffushi
Rasfari
9
Nakatchafushi
Gasfinolhu
Thulusdhoo
Kanifinolhu
Lohifushi
Koddhipparu
Thulhagiri
Kuda Huraa
Ihuru
Vabbinfaru
Lankanfushi
Lankanfinolhu
Baros
Kudavattaru
Bandos
Furana
Kurumba
Farukolhufushi
Aarah
Hulule
Giraavaru
Villingili
Malé
Malé-Atoll
(Kaaffu-Atoll)
Vaadhu Channel
6
Velassaru
Vaadhu
Bolifushi
Embudhu Finolhu
Embudhu
Süd-
Malé-Atoll
Maniyafushi
10
Gulhi
Gulhi
Dhigufinolhu
Veligandu Huraa
Vaagali
Maafushi
Biyadhoo
Rannalhi
Makunufushi
Villivaru
Kandooma
Guraidhoo
Fihalhohi
Maadhoo
Kuda Finolhu
Oidhuni
Olhuveli
Rihiveli
Olhigadufinolhu
Ehura Huraa
Fulidhoo Channel
11
Fulidhoo
Dhiggiri Tourist
Resort
Kunaavashi
Dhiggiri
Vaavu-Atoll
(Felidhoo)
Alimatha
Thinadhoo
Felidhoo
Felidhoo
Bodufushi
Keyodhoo
Felidhoo-
Atoll
12
Hingaakulhi
Bodumohoraa
Rakeedhoo
Vattaru
Reef
Channel
D
119
E
0
18 km
N
© MERIAN-Kartographie
Fenboafinolhu

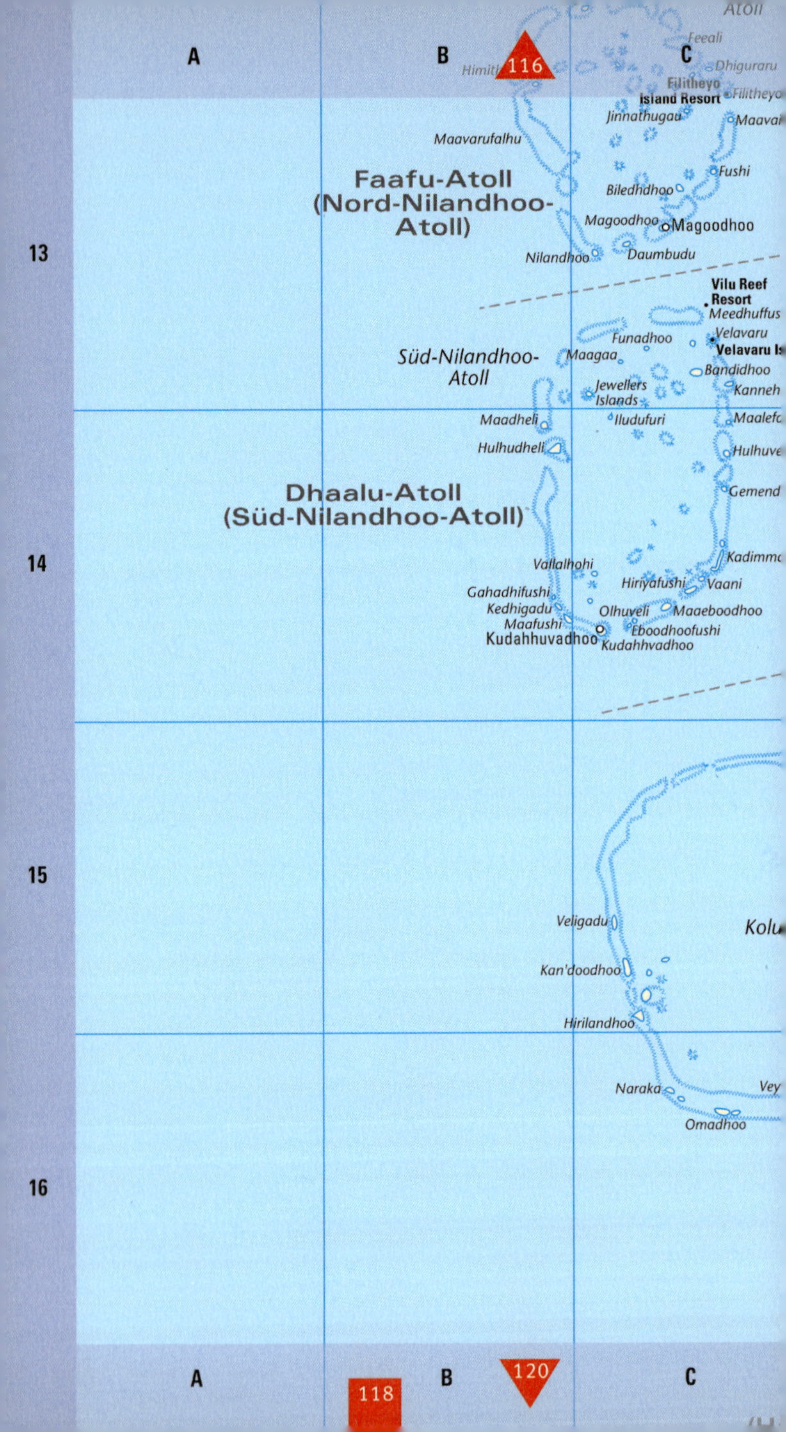

A
B
C
116
Feeali
Dhiguraru
Himiti
Filitheyo
Island Resort
Filitheyo
Jinnathugau
Maavai
Maavarufalhu
Faafu-Atoll
(Nord-Nilandhoo-
Atoll)
Fushi
Biledhdhoo
Magoodhoo
Magoodhoo
Nilandhoo
Daumbudu
13
Vilu Reef
Resort
Meedhuffus
Funadhoo
Velavaru
Velavaru Is
Süd-Nilandhoo-
Atoll
Maagaa
Bandidhoo
Jewellers
Islands
Kanneh
Maadheli
Iludufuri
Hulhudheli
Dhaalu-Atoll
(Süd-Nilandhoo-Atoll)
Gemend
14
Vallalhohi
Kadimm
Hiriyafushi
Vaani
Gahadhifushi
Kedhigadu
Olhuveli
Maaeboodhoo
Maafushi
Eboodhoofushi
Kudahhuvadhoo
Kudahhvadhoo
15
Veligadu
Kolu
Kan'doodhoo
Hirilandhoo
Naraka
Vey
Omadhoo
16
A
B
120
C

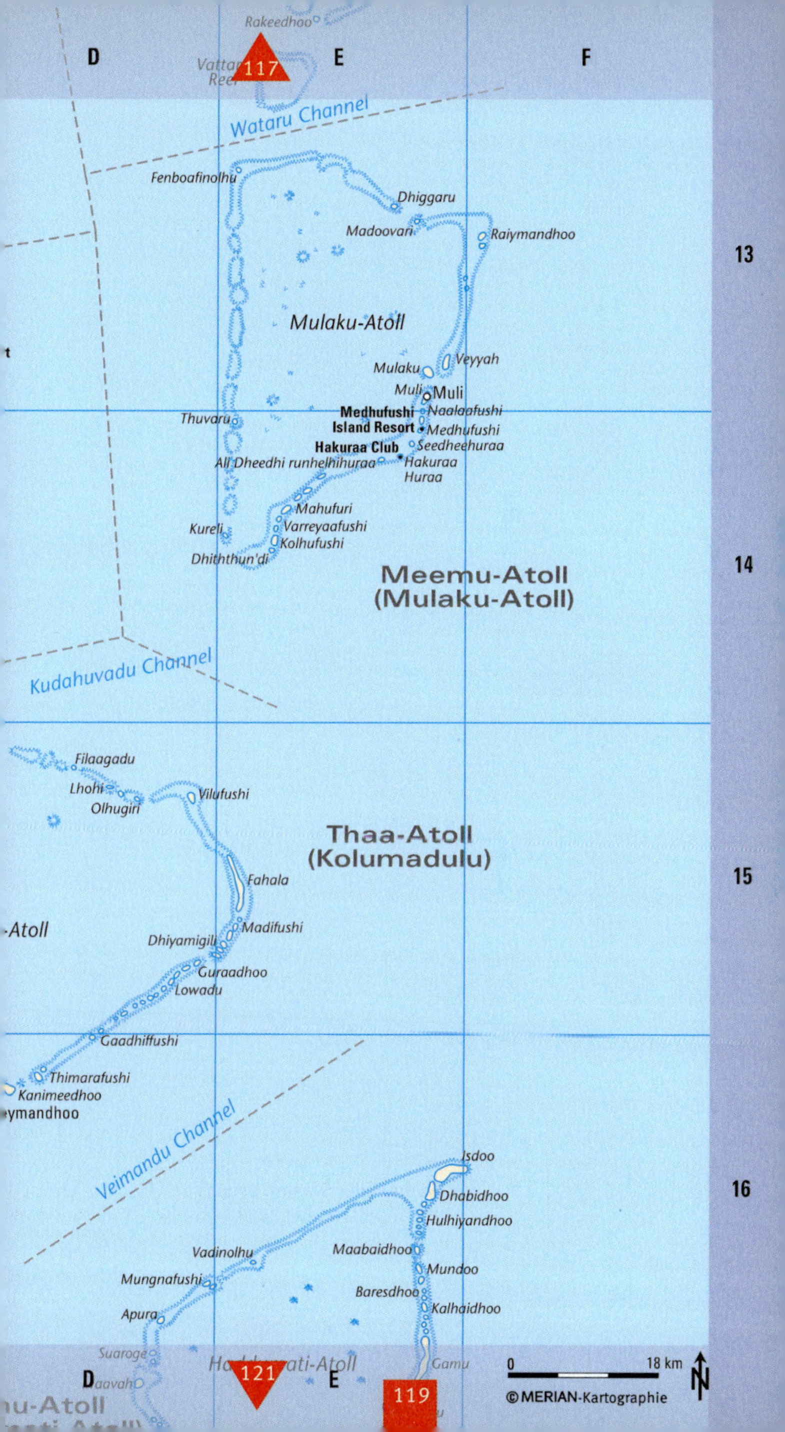

D
E
F
117
Rakeedhoo
Vattaru Reef
Wataru Channel
Fenboafinolhu
Dhiggaru
Madoovari
Raiymandhoo
Mulaku-Atoll
Mulaku
Veyyah
Muli
Muli
Medhufushi Island Resort
Naalaafushi
Medhufushi
Hakuraa Club
Seedheehuraa
Hakuraa Huraa
Thuvaru
Ali Dheedhi runhelhihuraa
Mahufuri
Kureli
Varreyaafushi
Kolhufushi
Dhiththun'di
Meemu-Atoll (Mulaku-Atoll)
Kudahuvadu Channel
13
14
15
16
Filaagadu
Lhohi
Olhugiri
Vilufushi
Thaa-Atoll (Kolumadulu)
Fahala
Madifushi
Dhiyamigili
Guraadhoo
Lowadu
Gaadhiffushi
Thimarafushi
Kanimeedhoo
-Atoll
Veimandu Channel
Isdoo
Dhabidhoo
Hulhiyandhoo
Maabaidhoo
Mundoo
Baresdhoo
Kalhaidhoo
Gamu
Vadinolhu
Mungnafushi
Apura
Suaroge
Haddhunmathi-Atoll
121
119
0
18 km
N
© MERIAN-Kartographie

A
B
C
118
(Ha
17
18
19
20
Indischer
Ozean
Suvadiva-Atoll
Havaru
Haodigala
Thinadhoo
Thinadhoo
Kaadedhdhoo
Madaveli
A
B
122
120

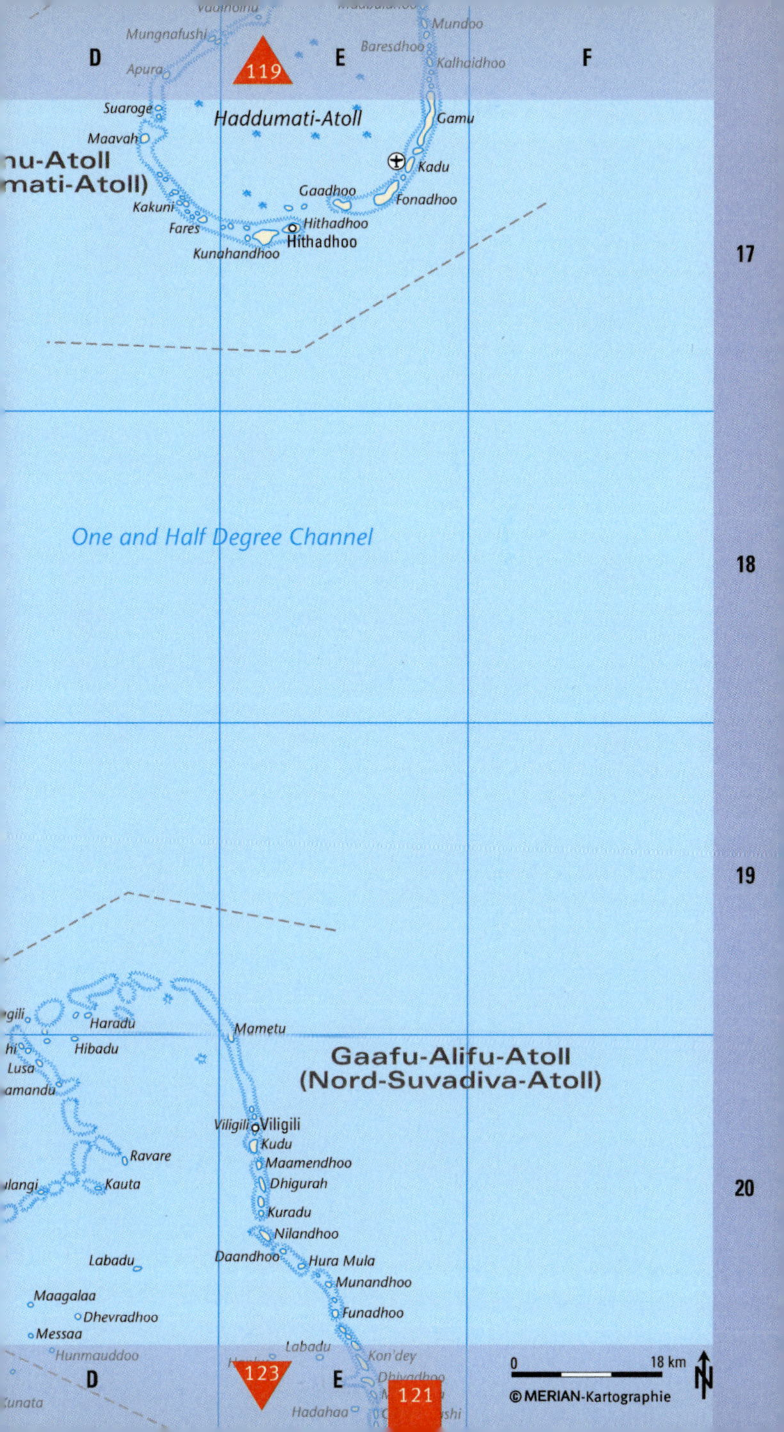

D
E
F
119
Mungnafushi
Apura
Baresdhoo
Mundoo
Kalhaidhoo
Suaroge
Haddumati-Atoll
Gamu
Maavah
nu-Atoll
mati-Atoll)
Kadu
Gaadhoo
Fonadhoo
Kakuni
Fares
Hithadhoo
Hithadhoo
Kunahandhoo
17
One and Half Degree Channel
18
19
gili
Haradu
Mametu
hi
Hibadu
Lusa
amandu
Gaafu-Alifu-Atoll
(Nord-Suvadiva-Atoll)
Viligili
Viligili
Kudu
Ravare
Maamendhoo
Dhigurah
ılangi
Kauta
20
Kuradu
Nilandhoo
Labadu
Daandhoo
Hura Mula
Munandhoo
Maagalaa
Funadhoo
Dhevradhoo
Messaa
Hunmauddoo
Labadu
Kon'dey
D
123
E
Dhivadhoo
121
Hadahaa
0
18 km
N
© MERIAN-Kartographie

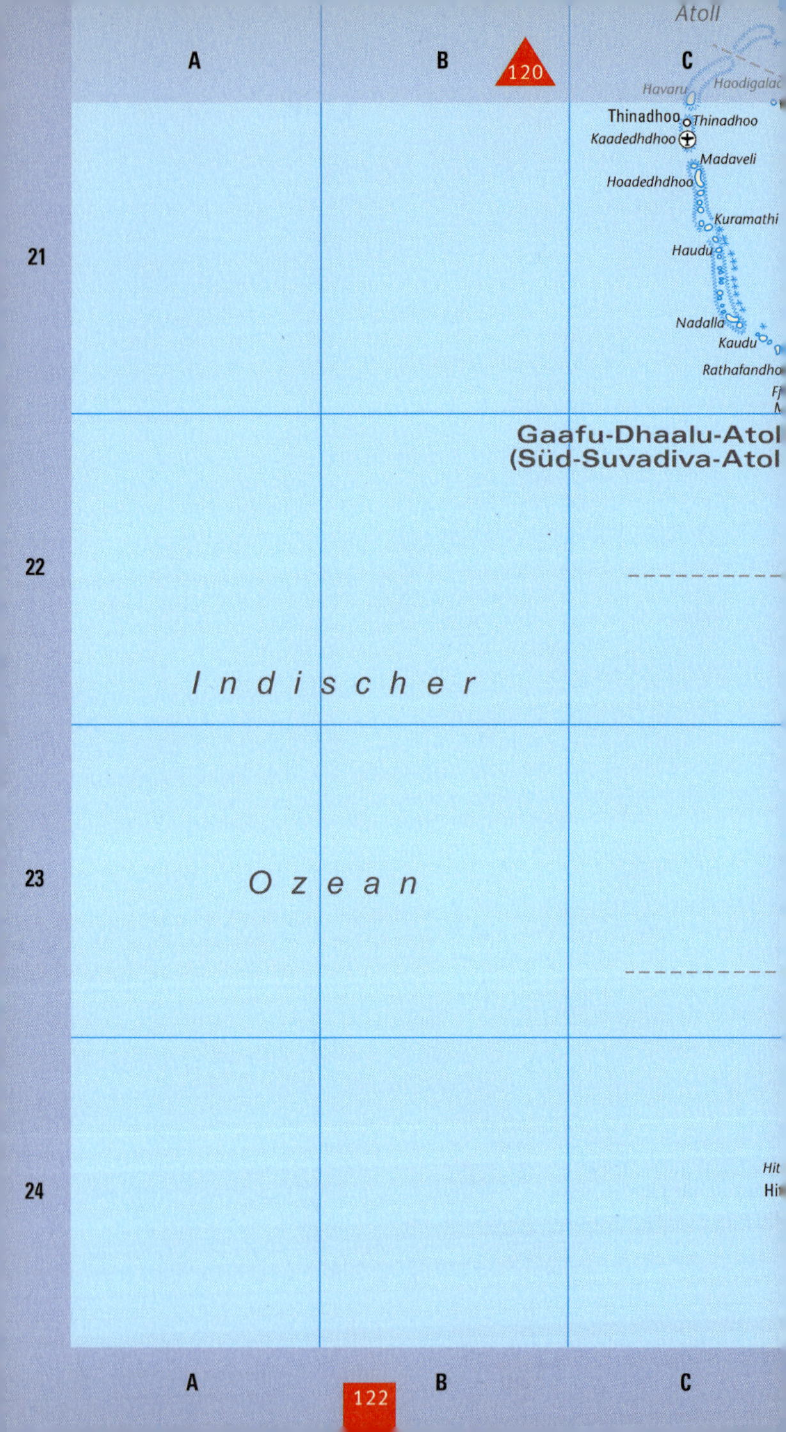
Atoll
A
B
120
C
Havaru
Haodigalac
Thinadhoo
Thinadhoo
Kaadedhdhoo
Madaveli
Hoadedhdhoo
Kuramathi
Haudu
Nadalla
Kaudu
Rathafandho
Gaafu-Dhaalu-Atol
(Süd-Suvadiva-Atol
21
22
Indischer
23
Ozean
24
Hit
A
122
B
C

Labadu
Daandhoo
Hura Mula
Munandhoo
Maagala
D
121
E
F
Dhevradhoo
Funadhoo
Messaa
Hunmauddoo
Labadu
Hanlus
Kon'dey
Dhiyadhoo
Maarehaa
Hadahaa
Gemenefushi
Dorimeno
Baketthtaa
Hakaru
Kubura
Mafe
Kaduhulhudhoo
Boli
Maaraarulu
Tutu
Gadhdhoo
Kuri
Gan(Gamu)
Rasfanu
Fala
Vaadhoo
21
22
quatorial Channel
Gnaviyani-Atoll
(Fuah Mulaku)
Fuah Mulaku
Fuah Mulaku
23
ddu-Atoll
Hillahera
Meedhoo
Herethere
24
Mulikadu
Seenu-Atoll
(Addu-Atoll)
Gan
Vilingili
Village
D
E
0
18 km
N
© MERIAN-Kartographie

Kartenregister

Orts- und Sachregister

Hier finden Sie alphabetisch aufgeführt alle in diesem Band beschriebenen Orte und Ziele, Routen und Touren. Bei einzelnen Sehenswürdigkeiten steht jeweils der dazugehörige Ort in Klammern, bei Hotels und Resorts steht zusätzlich die Abkürzung H für Hotel bzw. R für Resort. Außerdem enthält das Register wichtige Stichworte sowie alle MERIAN-Tipps dieses Reiseführers. Wird ein Begriff mehrfach aufgeführt, verweist die **fett** gedruckte Zahl auf die Hauptnennung im Band.

IMPRESSUM

Liebe Leserinnen und Leser,

wir freuen uns, Ihre Meinung zu diesem Reiseführer zu erfahren. Bitte schreiben Sie uns, wenn Sie Berichtigungen und Ergänzungsvorschläge haben oder Ihnen etwas besonders gut gefällt.

Gräfe und Unzer Verlag, Reiseredaktion, Postfach 86 03 66, 81630 München
E-Mail: merian-live@graefe-und-unzer.de

Alle Angaben in diesem Reiseführer sind gewissenhaft geprüft. Preise, Öffnungszeiten usw. können sich aber schnell ändern. Für eventuelle Fehler übernimmt der Verlag keine Haftung.

Verlags-/Programmleitung:
Verónica Reisenegger
Text-/Bildredaktion:
Christof Klocker
Redaktion der 2. Auflage:
Katja Baldewein
Kartenredaktion:
Reinhard Piontkowski

Gestaltung: Ludwig Kaiser
Karten: MERIAN-Kartographie
Produktion: Helmut Giersberg
Satz: Filmsatz Schröter, München
Druck u. Bindung: Stürtz AG, Würzburg

Bei Interesse an Karten aus MERIAN-Reiseführern schreiben Sie bitte an:
E-Mail: geomatics@ipublish.de

Fotos: Alle Fotos von M. Peuckert außer J. Beck 41, 51, 61 u; H. Mielke 20/21; PhotoPres/JBE 4/5, 7 u, 79, 89, /Rogler 91; E. Rebholz 2, 61 o; U. Schonart 69 m; T. Weber 90

Gedruckt auf Primaset
von Papier Union.

Ein Unternehmen der
GANSKE VERLAGSGRUPPE

ISBN 3–7742–0696-1

10 9 8 7 6 5 4 3 2